HSP研究への招待

発達、性格、臨床心理学の領域から

飯村周平 編著

上野雄己　小塩真司　岐部智恵子　串崎真志
髙橋亜希　平野真理　矢野康介 著

花伝社

HSP研究への招待
──発達、性格、臨床心理学の領域から

目　次

はじめに

　2019年以降、日本では「ポップ化」された形でHSP（Highly Sensitive Person）が広く人々に知られるようになり、「HSPブーム」とも言える様相を呈している——マスメディアによるHSP特集。量産される自己啓発書やネット記事。それらの情報をもとに自己理解を試みる人々。心理学の専門家からみれば、「HSPブーム」のもとで発信される情報は科学的根拠がないもの、誤解や偏見、デマを含むものなど、玉石混交である（石がかなり多い）。

　HSPは心理学をルーツとする言葉である。環境感受性あるいは感覚処理感受性という心理的特性が相対的に高い人に対して、必ずではないが、便宜上このラベルが使用される。1990年代から研究の俎上にのり、心理学の諸領域で30年以上にわたり知見を蓄積してきた。残念ながら社会一般に広まったHSPの考え方は、これまで得られた研究知見の範囲を超えて、あらゆる「生きづらさ」の原因を説明する言葉となってしまったように見える。

　本書はHSPの学術書、より正確に言えば、環境感受性という構成概念を包括的に解説した初めての学術書である。2010年以降、日本でもHSPにかかわる心理学的研究が始まり、それから10年以上の歳月が経った。その最中で起きた社会的な「HSPブーム」も憂慮して、環境感受性という概念から、今ここで改めてHSPという言葉を整理したい。そうした思いのもと、本書は企画された。

　本書は、序章と全3部で構成される。序章では、環境感受性がどのような概念であるのか、その成り立ちや理論、日本を含むこれまでの研究動向を解説した。第1部では発達心理学者の視点から、第2部ではパーソナリティ心理学者の視点から、第3部では臨床心理学者の視点から、環境感受性の個人差ないしはHSPについて整理した。それぞれの分野でこの概念がどのように扱われているのか、また、どのような現象を説明したり、どのような問題を解決したりすることが期待されているのか、本書を通じてその動向が理解できるだろう。

　本書の執筆陣は、この分野で一度はHSP関連の論文を執筆した経験のある

8名の心理学者である。原稿全体を取りまとめる際、各章を担当された執筆者の先生方の原稿をできるだけ尊重し、内容については大きな修正を求めなかった。そのため、分野に応じてHSPという言葉をどのように解釈するか、良くも悪くも執筆者ごとの視点の違いが垣間見られる内容にもなっている。

　本書は学術書であるため、すでに数多く出版されているHSP関連の自己啓発書と比べれば、専門性が高く内容は難しいだろう。とはいえ、だからこそ本書は次のような読者にとってとりわけ役に立つと考えている。

　第一に、卒業論文や修士論文でHSPないしは環境感受性をテーマに研究したい学生たちである。その指導教員にもおすすめしたい。第二に、「HSPブーム」によって今まさに影響を受けている心理臨床現場や教育現場の方々である。第三に、HSPに関する情報を発信する方々である。影響力の高いメディア関係者はもちろん、HSPに関して発信機会の多い精神科医や心理士などにとって、信頼できる情報源になることを期待している。本書はどの章から読み始めていただいても問題ないが、環境感受性の基礎知識がない読者には、まずは序章で理解を深めてから各章に進むことをおすすめしたい。序章では、現在までに蓄積された知見に基づいて、最新の研究動向をまとめている。

　読者の方々にとって、本書がHSPや環境感受性を理解するための一助となれば、著者一同これ以上の喜びはない。

著者を代表して

編著者　飯村周平

序章

環境感受性を研究する

飯村周平（創価大学）

1. はじめに

　ヒトの神経生理的および心理社会的な発達は、生まれ（遺伝）と育ち（環境）の複雑なダイナミクスによって遂げられる（Gottlieb, 1991）。ヒトの乳幼児は養育者からのケアがなければ、生存することさえ難しい。このように、事実としてヒトは生まれながらに環境依存的あるいは文脈依存的な存在であり、環境から影響を受けたり、あるいは環境に能動的に働きかけたりしながら、死に至るまで獲得と喪失を繰り返していくことになる。こうした点で、ヒトの発達にとって環境やそれに対する感受性は重要な要因であり、研究者はその役割を長年にわたり探究してきた。例えば、同じ遺伝子型を共有する一卵性双生児であっても、高齢になるにしたがって、環境的影響による DNA のメチル化などにより、病気に対する感受性などに差異が生じるとされている（Fraga *et al.,* 2005）。

　環境的な要因に対する被影響性や応答性について、ヒトや様々な種には個体差（個人差）があることが報告されている（Belsky, 1997; Boyce & Ellis, 2005）。ある個人は、遺伝的、神経生理的、あるいは気質的な要因によって、ある個人よりも影響を受けやすい。これまでに、このような感受性の個人差を説明する概念が数々提唱されてきた。広範囲の分野にわたる既存の感受性概念を包括的に捉えたのが、本書で取り上げる環境感受性というメタ概念である。まず序章では、環境感受性なる概念が、どのように生まれ、定義され、研究されてきたのか、基本的な説明を提供したいと思う。

1.1. 環境感受性とは何か？

　現在、環境的な影響に対する感受性を理解する試みは、進化発達心理学やパーソナリティ心理学、社会心理学、健康心理学、臨床心理学、神経科学、行動遺伝学など、様々な研究分野からアプローチされている。そうした背景もあり、後述するように、各分野における環境感受性の位置づけや期待される役割は大なり小なり異なる。例えば、進化発達心理学的な基盤に焦点を当てた分野では、環境感受性を正負の環境に対する被影響性（susceptibility）を表す特性として位置づけている（Belsky, 1997）。その研究対象は、主に幼児期から青年期までの子どもや若者である。また、パーソナリティ特性や認知に焦点を当てた分野では、正負の環境や刺激に対する認知的処理や知覚の個人差を表す特性（Greven *et al.*, 2019）として位置づけられている。その研究対象は、子どもから成人までを範囲としているが、主な関心は成人にあるようである。

　分野を問わず、環境感受性は連続的な特性として定義される。本書では説明の便宜上「感受性が高い人（つまり、HSP）」「感受性が低い人」のような記述をする場合もあるが、これは環境感受性が二値的な特性であることを意味しないので留意してほしい（Ellis *et al.*, 2011）。環境感受性をどの指標で測定するかにもよるが、ヒト全体を母集団とした場合、環境感受性は正規分布に従う特性である（Zhang *et al.*, 2021）。また、分野を問わず、環境感受性は逆境的な環境だけではなく、サポーティブな環境も含む感受性を指す。そのため、逆境的環境からよりネガティブな影響を受けやすいことだけでなく、サポーティブな環境からポジティブな影響を受けやすいことも扱う。

2. 環境感受性の研究史と理論：3つの潮流と現在

　この研究分野において、正負の環境的な影響や経験に対する感受性（sensitivity）や応答性（responsibility）、あるいは被影響性について明示的に定義、研究されるようになったのは1990年代後半である。初めから環境感受性という概念のもとで研究されてきたわけではない。異なる分野で提案された概念や理論のもとで独自に研究が進み、2015年頃から環境感受性という包括的な枠組みのもと明示的に研究がなされるようになった（Pluess, 2015）。このセクションでは、環境感受性の研究史や関連する理論について解説したい。はじめに、

環境感受性研究のルーツと言える3つの潮流、すなわち感覚処理感受性、差次感受性理論、文脈に対する生物感受性理論について短く説明する。その後、それらの潮流から派生したヴァンテージ感受性について論じ、既存の理論を統合的に説明するために提案された環境感受性理論を解説する。

2.1. 潮流①：感覚処理感受性

ヒトや様々な動物種において、進化的な背景から新規刺激に直面すると抑制的な反応をする個体とそうではない個体がいる。このような応答性の個人差にかかわる知見をもとに、エレイン・アーロンとアーサー・アーロン（Aron & Aron, 1997）は感覚処理感受性（sensory processing sensitivity）の概念を提唱した。この概念は、個人差にかかわる既存の心理学概念である行動抑制系（Gray, 1981）や抑制的な子ども（Kagan, 1994）、内向性（Eysenck, 1981）などの知見からも着想を得ている。アーロンら（Aron et al., 2012）によれば、感覚処理感受性の高さは、刺激に対する深い認知的処理（新規刺激に対して一度立ち止まり「指さし確認」をする；greater Depth of processing）、刺激に対する圧倒されやすさ（ease of Overstimulation）、共感的および情動的な反応の高まりやすさ（increased Emotional reactivity and Empathy）、ささいな刺激の察知しやすさ（greater awareness of environmental Subtleties）、によって特徴づけられる特性であるという。これらの特徴はそれぞれの頭文字をとってDOES（ダズ）と呼ばれる。感覚処理感受性が高い個人がDOESのような特徴を示すかどうか、アーロンらの研究チームによる実験的検証が現在進行形で進められている。例えば、写真のわずかな変化を検知する課題（Jagiellowicz et al., 2016）や感情をともなう写真を提示した際の脳神経活動の測定（Acevedo et al., 2014; Acevedo et al., 2021）をもとにした研究知見などが得られている。

2.2. 潮流②：差次感受性理論

「幼少期の経験がその後の発達に影響を与えるのはなぜか」という問いのもと、ジェイ・ベルスキー（Belsky, 1997; 2005）は進化発達心理学の視座に基づく差次感受性（differential susceptibility）理論を提唱した。（祖先の時代において）将来は本質的に不確実性の高いものであるため、どのような育児戦略が子どもの包括的適応度（例えば、遺伝子を拡散する確率）を高めるか親でさえ知り得ない。

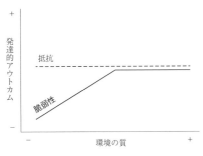

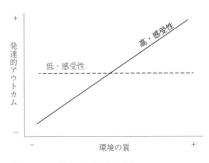

図0-1　素因ストレスモデル（二重リスクモデル）　　図0-2　差次感受性モデル

その結果として自然選択は、親の養育行動（parenting behavior）に対して反応しやすい遺伝子型と安定した反応を示す遺伝子型を両方維持するような「両掛け戦略」（bet-hedging strategy）を好んだと想定されている。この遺伝子型のばらつきによって、養育の質に対する子どもの被影響性に個人差が観察される。複数の兄弟がいた場合、問題のある養育スタイルのもとでは、感受性の低い子どもは保護され、感受性の高い子どもは損失を被る。こうした被影響性の個人差が進化的には適応的に働いたとされている。

　歴史的に、環境的影響に対する感受性は「可塑性」ではなく、「脆弱性」（vulnerability）あるいは「リスク」因子とみなされてきた。それゆえに発達科学者の視点は、「脆弱性／リスク」因子をもつ子どもが、ストレスフルな環境や逆境に置かれたときにいかに精神病理を高めるか、ということにあった。このような視点は、個人のもつリスク因子と逆境的な環境が二重となって精神病理を高めるという考え方から、素因ストレスモデル（Monroe & Simons, 1991）や二重リスクモデル（Sameroff, 1983; 図0-1）と呼ばれている。これらのモデルに基づくG×E（遺伝×環境）交互作用研究は、ヒトの発達精神病理学のメカニズムを説明するのに役立っているが、限られた範囲のネガティブな環境に焦点を当て、ポジティブな発達的アウトカムを測定していないため、「実際の」発達現象を捉えるには不十分であった（Belsky & Pluess, 2009）。そこで環境の影響範囲を発達的にサポーティブなものまで広げると、これまで「脆弱性」因子とされてきた感受性が、実際には「可塑性」因子であることが明らかになった。例えば、これまで「脆弱」とみなされていた子どもは、ポジティブな環境

からより多くの恩恵を受ける子どもと同一人物であったのである。このように差次感受性理論では、感受性が高い子どもは、ネガティブ（例：鈍感な子育て）とポジティブ（例：繊細な子育て）の両方の環境から「良くも悪くも（for better and for worse）」影響を受けやすいことを説明する（図０-２）。

2.3. 潮流③：文脈に対する生物感受性理論

　トーマス・ボイスとブルース・エリス（Boyce & Ellis, 2005）が提唱した文脈に対する生物感受性（biological sensitivity to context）理論は、進化発達心理学の視座から、幼少期に経験するストレスや逆境の程度に応じて、環境感受性の生理的マーカーであるストレス応答性（stress responsivity）が発達的に調整されることを仮定している。この理論やこれを検証した知見によれば、幼少期のストレスや逆境体験と生理的ストレス応答性の関係は、図０-３に示すようにＵ字型で説明できる（Ouellet-Morin *et al.*, 2019; Shakiba *et al.*, 2020）。エリスら（Ellis *et al.*, 2011）によると、環境的影響に対する感受性の個人差は、異なる条件の環境あるいは状況に応じて自身の発達的特性を調整することによって生じるとされる。その調整パターンは主に３つある。第一に、幼少期にストレスフルな環境にさらされると、文脈に対する生物的応答性が上昇し、環境内の危険や脅威を感知して反応する能力や傾向が高まる。第二に、幼少期にサポーティブな環境に置かれると、文脈に対する生物的応答性が上昇し、社会的資源やソーシャルサポートに対する感受性が高まる。第三に、大多数の子どもたちに典型的に

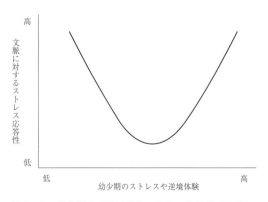

図０-３　幼少期の逆境体験とストレス応答性の関連

当てはまるが、正負のどちらの方向にも極端でない環境で育つと、文脈に対する生物的応答性が低下し、とりわけ脅威的でもなく安全でもない環境で遭遇するストレッサーから個人が保護される。こうした異なる環境に対して発達的特性を調整するプロセス（条件付き適応）が、ヒトの進化史において、異なる環境条件下での生存、ひいては繁殖の確率を高めてきたと考えられている。生物感受性理論は、差次感受性理論と似ているが、環境感受性がストレスに対する自律神経と副腎皮質応答性の変動を含む神経生物学的特性によって媒介されていることを強調している点で異なる（Ellis & Del Giudice, 2019）。

2.4. ヴァンテージ感受性理論

　ミカエル・プルースとジェイ・ベルスキー（Pluess & Belsky, 2013）は、東洋と西洋を含む様々な国の言語において、ポジティブな環境や経験に対する感受性や反応性を表す用語が存在しないことを指摘した。彼らはマナック（Manuck, 2011）が紹介したヴァンテージ感受性（vantage sensitivity）[1]が適切な用語であると考え、この概念の精緻化を試みた。ヴァンテージ感受性は、差次感受性の「明るい面」に着目した概念であり（de Villiers *et al.*, 2018; Pluess, 2017; Pluess & Belsky, 2013）、遺伝的、神経生理的、気質的な要因によって、発達的に有利な環境やポジティブな経験の影響を受けやすく、より恩恵を享受しやすい人がいることを説明する（図0-4）。素因ストレスモデルにおいて「脆弱性／リスク」因子が逆境的環境に対する精神病理を高めるように、ヴァンテージ感受性理論では、ポジティブな環境に対する感受性や反応性の高さが「ヴァンテージ感受性」因子の機能によって生じることを想定されている。図0-1（点線）で描いたストレスフルな環境的影響に対する「抵抗」と同様に、図0-4（点線）の中で示したヴァンテージ・レジスタンスは、ポジティブな環境や経験に対する「抵抗」を表す。ヴァンテージ感受性理論を支持する主なエビデンスは、特定の遺伝子型（例：DRD4の7回繰り返し配列、5-HTTLPRのS型）や気質（例：感覚処理感受性）の個人差が心理教育的介入とその結果の関係をポジティブに増長することを示す研究から得られている（de Villiers *et al.*, 2018; Pluess, 2017; Pluess & Belsky, 2013）。例えば、学校ベースの心理教育プログラムの効果を検

1　vantage sensitivity に対する日本語訳については、現状として研究者間でコンセンサスが得られていないため、本書では直訳的にヴァンテージ感受性と記している。

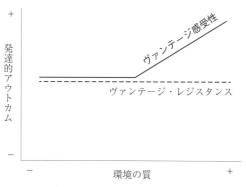

図0-4 ヴァンテージ感受性モデル

討した研究では、感覚処理感受性が高い青年は、それが低い青年と比較して、介入後の抑うつ症状が少なかったことが報告されている（Pluess & Boniwell, 2015; Kibe *et al*, 2020）。なぜポジティブな環境に対する感受性や反応性に個人差が生じるのか、という問いはヒトの環境感受性をさらに理解するために重要であり、それを解明する枠組みとしてこの理論は役に立つだろう。しかし、比較的最近提唱された概念であるため、さらなる理論の精緻化とエビデンスの蓄積が求められる。

2.5. 環境感受性理論：諸理論の統合

　ここまで解説したように、ヒトの感受性に関する理論や概念が複数提案されており、それらは導き出された背景は異なるものの、重複する仮定も多い。そこでプルース（Pluess, 2015）は、既存の理論を包括的な枠組み（メタ理論）として統合することに研究上と実用上の価値があると考え、環境感受性理論を提案した。この試みによって、異なる枠組み（感覚処理感受性、差次感受性理論、文脈に対する生物感受性理論、ヴァンテージ感受性理論など）のもとで行われた環境感受性研究を橋渡しし、それらの知見を統合的もしくは領域横断的に解釈することが期待される。

　環境感受性理論では、感受性の発達メカニズムとして神経感受性仮説を提唱されている（Pluess, 2015）。この仮説では、中枢神経系（扁桃体など）の特定の特徴が感受性の高まりに関与し、環境からの情報をより容易に、より深く登録

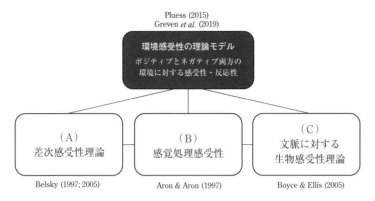

図0-5　環境感受性の理論モデル
Greven *et al.*（2019）をもとに筆者作成。

すると説明されている。また、中枢神経系の感受性は、感受性に関与する遺伝子型と幼児期の環境の直接的かつ相互的な影響によって決定されるという。

　グレヴェンら（Greven *et al.*, 2019）は、環境感受性理論の文脈から感覚処理感受性を理解するために、包括的な文献レビューを行った。彼らは、感覚処理感受性に関する研究はまだ初期段階にあると指摘し、今後の研究で解決すべきいくつかの課題を提案した。具体的には、感覚処理感受性の構造の理解を深めること、測定の妥当性を高めること、環境を操作したときの感受性の役割を検討すること、既存の気質概念との関係を調べること、感受性の生物学的基盤を明らかにすること、感受性と心理・身体の健康との関係を調べること、などが課題として挙げられている。

3. 環境感受性の指標とその知見

　上述のように、環境感受性は、感覚処理感受性や差次感受性理論、文脈に対する生物感受性理論などから導出されたメタ概念である。その基本的な定義は、「ポジティブ・ネガティブ両方の環境的影響に対する処理や知覚の個人差特性」となる（Pluess, 2015; Greven *et al.*, 2019）。この特性が高いほど、逆境的な環境下ではよりネガティブな影響を受け、サポーティブな環境下ではよりポジティブな影響を受けることが想定される。あるいは発達的可塑性（神経生理的・

心理社会的な発達的特性の変化のしやすさ）の要因とみなすこともできる（Belsky & Pluess, 2009; Ellis & Del Giudice, 2019）。このセクションでは、環境感受性の個人差に関与することが報告されている表現型、遺伝子型、神経・内分泌の特徴、すなわち環境感受性の指標について紹介したい。

3.1. 表現型マーカー（気質・性格）を用いた研究

　客観的に観察することができる身体的・行動的・心理的な特徴（形質）を表現型と呼ぶ。行動および心理的な表現型は、気質や性格として解釈することができる。これまで正負の環境からの被影響性を表す気質や性格がいくつか報告されている。特に、環境とそれによる発達的アウトカムの関係を「良くも悪くも」調節することが報告された変数について紹介する。

3.1.1. 負の情動性、困難気質

　負の情動性（negative emotionality）あるいは困難気質（difficult temperament）は、泣きやすい、怒りっぽいなど、子どものネガティブな情動的反応性の高さを意味する（Belsky *et al.*, 2007; Pluess & Belsky, 2010）。これらの気質の程度が高い子どもは、それらが低い子どもと比較して、養育の質から「良くも悪くも」影響を受けやすく、養育の質がサポーティブな場合では、問題行動や神経生理学的なストレス反応が少なく、一方で養育の質が非サポーティブな場合は、これらの問題が生じやすくなることが報告されている（Dich *et al.*, 2015; Pluess & Belsky, 2010）。こうした負の情動性や困難気質は、母親が自身の子どもの特徴について質問紙に回答したり（Slagt *et al.*, 2018）、専門家が子どもを観察したりすることによって測定される。

3.1.2. 感覚処理感受性

　すでに論じたように、感覚処理感受性は「情報処理がより深く、感情的反応性や共感性が高まり、環境の機微に気づき、過剰に刺激を受けやすいという特徴があり、それらは中枢神経系の敏感性によって生じる」（Greven *et al.*, 2019, p. 289）ことが想定された気質・性格の概念である。ただし、その神経生理学的基盤についての知見は十分に蓄積しておらず、依然として概念の本質はブラックボックスの部分も多いと言える。

　成人の感覚処理感受性は、自己評定式の Highly Sensitive Person（HSP）尺度を用いて測定される（Aron & Aron, 1997）。髙橋（2016）によって日本語 19 項

目版が作成されている。飯村ら（Iimura *et al.*, 2023）は、この 19 項目版をさらに 10 項目に短縮した HSP 尺度の信頼性と妥当性を検証した。翻訳される言語によって尺度の因子構造に違いも見られるが、HSP 尺度は基本的に「易興奮性（ease of excitation）」「低感覚閾（low sensory threshold）」「美的感受性（aesthetic sensitivity）」の 3 因子に加えて、それらの因子と直交し、かつすべての項目に共通した「一般感受性因子（general sensitivity factor）」によって構成される（Iimura *et al.*, 2023; Lionetti *et al.*, 2018; Pluess *et al.*, 2023）。「易興奮性」と「低感覚閾」はネガティブな環境や刺激に対する感受性、「美的感受性」は音楽や芸術などのポジティブな刺激に対する感受性と対応している。

　子どもの感覚処理感受性は、Highly Sensitive Child（HSC）尺度を用いて、子どもによる自己報告または保護者報告によって測定できる（Pluess *et al.*, 2017; Sperati *et al.*, 2022; Weyn *et al.*, 2022）。日本語版については、児童用と青年前期用がそれぞれ岐部・平野（2019; 2020）によって作成されている。HSC 尺度を用いたスラグトら（Slagt *et al.*, 2018）による縦断調査では、子どもの感覚処理感受性の個人差が養育経験と外在化問題（例：問題行動）との関連を調整することが報告されている。具体的には、サポーティブな養育のもとでは、感受性の高い子どもの外在化問題は、感受性が低い子どもよりも小さかった。一方で、非サポーティブな養育のもとでは、感受性の高い子どもの外在化問題は、感受性の低い子どもよりも高くなった。子どもの内在化問題（Zeng *et al.*, 2022）や向社会的行動（Li *et al.*, 2022）など、その他の発達的アウトカムについても、同様の知見が得られている。

3.2. 遺伝子型マーカーを用いた研究

　差次感受性理論の研究は、G × E 交互作用研究の中で発展してきた。かつて「脆弱性」遺伝子とみなされてきた遺伝子型は、測定する環境の範囲をサポーティブな領域にまで広げると、実は「可塑性」遺伝子もしくは「感受性」遺伝子として機能することが分かってきた（Belsky & Pluess, 2009）。現在までにその候補遺伝子がいくつか報告されている。最も頻繁に取り上げられるセロトニン系とドーパミン系の遺伝子型に加えて、その他の遺伝子型や、近年注目される多遺伝子スコアを用いた研究をここで紹介したい。

3.2.1. 可塑性遺伝子候補

　セロトニン系の可塑性遺伝子として、セロトニントランスポーター遺伝子多型（serotonin-transporter-linked promoter region; 5-HTTLPR）が取り上げられることが多い。メタ分析を用いた研究は、5-HTTLPR の S/S 型あるいは S/L 型をもつ子どもや青年が、L/L 型をもつ個人よりも、正負の環境に対する感受性が高いことを報告している（Babineau *et al.*, 2015; Van Ijzendoorn *et al.*, 2012）。

　ドーパミン系の可塑性遺伝子に関しては、ドーパミン D4 受容体（dopamine receptor D4; DRD4）および D2 受容体（dopamine receptor D2; DRD2）遺伝子が取り上げられる。DRD4 は 7 回繰り返し配列をもつ人が、DRD2 は A1 あるいは A2 型をもつ人が、感受性の高い個人であることが報告されている（Bakermans-Kranenburg & Van Ijzendoorn, 2011）。

　その他の遺伝子として、カテコール-O-メチルトランスフェラーゼ遺伝子（catechol-O-methyl transferase; COMT; Hygen *et al.*, 2015）、オキシトシン（oxytocin; OXT; Olofsdotter *et al.*, 2018）およびオキシトシン受容体（oxytocin receptor; OXTR; Hammen *et al.*, 2015）、コルチコトロフェン放出因子結合蛋白質（corticotropin releasing hormone binding protein; CRHBP; Zeng *et al.*, 2022）遺伝子などの特定の多型が、それぞれ幼少期の環境的影響と発達的アウトカムの関連を調整することが報告されている。

3.2.2. 多遺伝子スコア

　ただし、上記の可塑性遺伝子が単一で環境感受性に寄与する程度は小さいと考えられている。それを踏まえて、近年では、複数の可塑性遺伝子に基づく多遺伝子スコア（polygenic score）を用いる方法が推奨されている（Zhang & Belsky, 2022）。例えば、ベルスキーとビーバー（Belsky & Beaver, 2011）は、彼らが「累積的遺伝的可塑性（cumulative genetic plasticity）」と呼ぶ多遺伝子スコアを使用して、環境感受性の程度を評価した。彼らは、ドーパミントランスポーター遺伝子（dopamine transporter; DAT1）の 10 回繰り返し配列、DRD2 の A1 型、DRD4 の 7 回繰り返し配列、5-HTTLPR の S 型、モノアミン酸化酵素 A（monoamine oxidase A; MAOA）の 2 回あるいは 3 回繰り返し配列を可塑性遺伝子型と想定した。これらの遺伝子型を 1 つもっていれば 1 点、5 つすべてもっていれば 5 点と評価した。分析の結果によると、多遺伝子得点が高い青年ほど、子育ての質から「良くも悪くも」影響を受けやすいことが明らかになった。

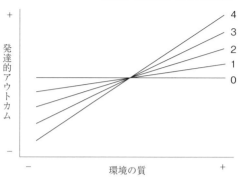

可塑性（感受性）遺伝子型の数

4
3
2
1
0

発達的アウトカム

＋

－

環境の質

－

＋

図 O‒6　累積的遺伝的可塑性のモデル

　より最近では、ゲノムワイド関連解析（genome-wide association study; GWAS）によって算出された多遺伝子スコアを用いて環境感受性が評価されている。キアーズら（Keers *et al.*, 2016）は、一卵性双生児 1,026 人のサンプルを用いて、環境感受性を反映する多遺伝子スコアを算出した。この多遺伝子スコアが高い子どもは、養育の質がサポーティブであれば情緒的問題を示す程度が低く、一方で養育の質がネガティブであれば情緒的問題の程度が高くなった。これらの研究が示唆するように、感受性にかかわる遺伝子型が多い個人ほど、ポジティブおよびネガティブ両方の環境刺激から影響を受けやすいと考えられる（図 O‒6）。

3.3. 内分泌・神経マーカーを用いた研究

　文脈に対する生物感受性理論や近年における感覚処理感受性の研究では、バイオマーカーを用いた検討が進められている。前者の生物感受性理論では、主にストレス応答性のバイオマーカーを、後者の感覚処理感受性研究では、特定の脳領域における神経活動を測定する傾向が見られる。ここでは、その知見を紹介したい。

3.3.1. ストレス応答性

　文脈に対する生物感受性を研究する進化発達心理学者たちは、発達的可塑性あるいは環境感受性の内分泌マーカーとして、ストレス応答性に関連する視床下部‒下垂体‒副腎（hypothalamic-pituitary-adrenal; HPA）軸の活動に注目してい

る（Boyce & Ellis, 2005）。HPA 軸の活動と関連する自律神経や副腎皮質の応答性は、ストレス課題中の唾液コルチゾール値の変動などを用いて評価されている。シャキバら（Shakiba *et al.*, 2020）は、こうした指標を用いて、幼少期の逆境経験と生理的ストレス応答性の関係を検討した。体罰を最良の方法と考えるような母親の養育態度や家族のストレス、経済水準などを指標として子どもの逆境体験を評価した場合、その程度が低いあるいは高いほど、子どものストレス応答性が高いことが明らかになった。一方、ストレス応答性が最も低かったのは、逆境体験の程度が中程度の場合であった。つまり、図０-３で示したように、幼少期の逆境とストレス応答性の関連はＵ字型となり、子どもは早期の環境に応じてストレス応答性の発達を調整していることが示唆される。

3.3.2. 脳神経活動

　アセヴェイドら（Acevedo *et al.*, 2014）は、他者の感情に対する神経活動と感覚処理感受性の関連を検討した。彼女らは、実験参加者にパートナーと見知らぬ人の幸せな顔、悲しい顔、中立の顔の写真をそれぞれ呈示し、機能的磁気共鳴画像法（functional magnetic resonance imaging; fMRI）を用いて脳全体の神経活動を探索的に分析した。その結果、幸せな顔と悲しい顔の写真を提示したとき、感覚処理感受性が高い人ほど、共感、感覚情報の統合、気づき、行動計画に関連する脳領域（帯状皮質、前島、下前頭回、中側頭回、運動前野など）の活性化の程度が高いことが示された。

　また、アセヴェイドら（Acevedo *et al.*, 2021）らは、上記の共感課題後の安静時機能的結合（resting-state functional connectivity）と感覚処理感受性の関連を調べた。彼女らの結果によると、感覚処理感受性が高い人ほど、背側注意ネットワークや腹部注意ネットワーク、大脳辺縁系ネットワークにおける安静時機能的結合が高まることが報告されている。

　ルドルフら（Rudolph *et al.*, 2020）は、fMRI を用いて、社会的拒絶状況を作り出すゲーム「サイバーボール（Cyberball）」をプレイ中の思春期女子の神経活動を測定し、これを環境感受性の指標とした。神経活動が測定された脳領域は、社会的苦痛ネットワークに関連する背側前帯状皮質、前帯状皮質、前島皮質であった。分析の結果、これらの神経活動のレベルが高い女子（Mean+1SD）は、親子関係の質がサポーティブである場合には抑うつ症状が低く、一方、親子関係の質がストレスフルである場合には抑うつ症状が高いことが示された。これ

らの神経活動のレベルが低い女子（Mean-1SD）は、親子関係の質による影響が小さかった。

4. 日本における研究動向

　ここまで環境感受性の研究史やその知見について概説してきた。環境感受性の研究は、徐々にではあるが、日本でも知見が蓄積し始めている。日本では、平野（2012）の研究に端を発し、パーソナリティ・社会心理学領域や健康・臨床心理学領域を中心に研究されている。近年では、国内誌だけでなく、国際誌に論文を発表する動向も見られる。これらの研究動向を見ると、環境感受性の指標として感覚処理感受性が用いられる場合がほとんどである。このセクションでは、日本発の査読付き論文（2023年4月時点）の一部を紹介したい。

4.4.1. 発達心理学の視座に立つ研究

　まずは発達心理学の視点に立つ研究を簡単にレビューする。環境感受性研究の潮流の1つは発達心理学であるが、日本における発達心理学的な研究は少ない。

　飯村と岐部（Iimura & Kibe, 2020）は、中学校から高校への学校移行期に注目し、子どもの感覚処理感受性と社会情緒的ウェルビーイングの関係を調べた（詳細は第3章も参照のこと）。分析の結果、中学校から高校にかけて学校環境が良い方向に変化したと報告した生徒は、感受性が高いほどその恩恵を受け取り、高校進学の前後で社会情緒的ウェルビーイングが高まった。

　岐部ら（Kibe *et al.*, 2020）は、高校生を対象に学校現場でレジリエンス教育介入プログラムを実施し、その効果が感覚処理感受性の個人差によって調整されるかどうかを検討した。結果として、感覚処理感受性が高い生徒ほど、プログラムを通じて自尊感情が高まり、抑うつ症状が低下した。

　飯村（Iimura, 2021）は、1か月にわたり週1回、合計4回の短期縦断調査を行い、週ごとの日常的な出来事と社会情緒的ウェルビーイングの関係が感覚処理感受性の個人差によって調整されるかどうかを調べた。結果として、ある週では、感受性が高い個人ほど、ポジティブな出来事からよりよい影響を受け（ヴァンテージ感受性）、別のある週では、感受性が高い個人ほど、ネガティブな出来事からより悪い影響を受ける（素因ストレス）ことが示された。

飯村ら（Iimura *et al.*, 2022）は、差次感受性理論の視座に立ち、思春期発達（第二次性徴）の速さと抑うつ症状の関係が感覚処理感受性の個人差によって変わりうるかを調査した。12 ～ 13 歳にかけて思春期発達が加速した男子は、感覚処理感受性が高いほど、抑うつ症状が低下した。

4.4.2. パーソナリティ心理学の視座に立つ研究

次に、パーソナリティ心理学に根差した研究をレビューする（詳細は第 4 章も参照のこと）。この領域では、さまざまな個人差変数と感覚処理感受性との相関関係に焦点を当てた研究が精力的に行われている。

平野（2012）は、18 歳以上の学生を対象にして、感覚処理感受性とレジリエンス、心理的適応感の関係を調査した。分析の結果、感覚処理感受性は資質的レジリエンスとは中程度の負の相関、獲得的レジリエンスとは弱い負の相関、心理的適応感とは中程度の負の相関が示された。

飯村（2016）は、感覚処理感受性が高い中学生が、それが相対的に低い中学生と比べて、共感性、状態・特性不安、教師関係・友人関係ストレッサーを高く報告することを明らかにした。

髙橋（2016）は、日本語版 HSP 尺度の作成を試みた。大学生 369 名のデータを用いた因子分析の結果、先行研究で報告されている 3 因子「易興奮性」「低感覚閾」「美的感受性」が抽出され、27 項目のうち 19 項目が 30 以上の因子負荷量を示した。この尺度で測定された感覚処理感受性は、神経症傾向と強い正の相関、外向性とは中程度の負の相関を示した。

上野ら（Ueno *et al.*, 2019）は、1,983 名の日本人成人（20 ～ 69 歳）を対象に、感覚処理感受性と年齢の関連を調べた（詳細は第 6 章も参照のこと）。HSP 尺度のうち「易興奮性」「低感覚閾」は、年齢が高いほど低く報告され、「美的感受性」は年齢が高いほど高く報告される傾向が見られた。

岐部と平野（2019; 2020）は、青年前期用と児童期用の日本語版 HSC 尺度の作成をそれぞれ試みた。青年前期用の尺度は 11 項目から構成され、先行研究と同様に「易興奮性」「低感覚閾」「美的感受性」に「一般感受性因子」を加えた構造が確認された。児童期用の尺度は、「易興奮性」と「低感覚閾」が 1 つの因子としてまとまり、加えて「美的感受性」が抽出された。青年前期の生徒は、感覚処理感受性が高いほど、神経症傾向やネガティブ感情が高かった。児童においては、感覚処理感受性は他者感情の敏感性や共感性、負の情動性など

と正の相関が確認された。

　飯村ら（Iimura *et al.*, 2023）は、高橋（2016）によって作成された19項目の日本語版HSP尺度の短縮を試みた。結果として、因子負荷量の高い10項目が選択され、先行研究と同様の双因子（bifactor）モデルが支持された。感覚処理感受性が高い個人は、外向性とポジティブ感情が低く、神経症傾向とネガティブ感情が高い傾向が見られた。また、ポジティブな内容の映像の視聴実験において、感覚処理感受性が高い個人ほど、ポジティブ感情が視聴前後で高まった。

　上田ら（2023）は、201名の成人を対象に、感覚処理感受性と内受容感覚の関連を検討した。感受性が高いグループは、感受性が低いグループよりも、自身の身体感覚に不安を感じる傾向があった。また、因子分析の結果、HSP尺度と内受容感覚への気づきを測定するMultidimensional Assessment of Interoceptive Awareness（MAIA）は、それぞれ異なる因子に収束することが示唆された。氏家と高橋（Ujiie & Takahashi, 2022）も、感覚処理感受性は内受容感覚との関連は小さく、むしろ外受容感覚とより関連することを報告している。

4.4.3. 健康・臨床心理学の視座に立つ研究

　最後に、健康・臨床心理学的な研究をレビューする。この分野の研究では、メンタルヘルスにかかわる変数と感覚処理感受性の関連を調べることが多いようである。

　矢野と大石（Yano & Oishi, 2018）は、日本人大学生275名を対象に、感覚処理感受性と抑うつ症状、主観的な日々のエクササイズ参加との関連を検討した。その結果、HSP尺度のうち、「易興奮性」「低感覚閾」は抑うつ症状と日々のエクササイズ参加と正の関連を示し、「美的感受性」はそれらと負の関連を示した。

　また、矢野ら（Yano *et al.*, 2019）は、大学生サンプルを用いて、感覚処理感受性と首尾一貫感覚が負の関連、抑うつ症状と正の関連にあることを報告した。

　さらに、感覚処理感受性が高くても、感情的な対処方略を行う傾向が高ければ、抑うつ症状が高まらないことを示唆した（Yano *et al.*, 2021）。

　雨宮ら（Amemiya *et al.*, 2020）は、20名の修士課程学生を対象に、ヨガを行う授業の前後において気分の変化が感覚処理感受性の個人差によって調整されるかを検討した。その結果、感受性の高いグループは、ヨガの前後でネガティ

ブな感情が低下した一方で、感受性が低いグループではそうした変化が確認されなかった。

上野ら（2020）は、日本人成人 4,333 名を対象に、感覚処理感受性と人生満足感、自尊感情の関連を調べた。HSP 尺度のうち、「易興奮性」「低感覚閾」下位尺度は人生満足度と自尊感情と負に関連し、「美的感受性」下位尺度はそれらと正に関連した。

高橋ら（Takahashi *et al.*, 2020）は、563 名の大学生を対象にして、HSP 尺度のうち「易興奮性」と「低感覚閾」がマインドフルネスやメンタルヘルスと関連するかどうかを調べた。結果として、「易興奮性」と「低感覚閾」が高いほど、マインドフルネスやメンタルヘルスが低い傾向が確認された。

飯村と高杉（Iimura & Takasugi, 2022）は、日本人成人 863 名からデータを収集し、感覚処理感受性と消化器症状との関連を調べた。分析の結果、感覚処理感受性が高い個人ほど、酸逆流や消化不良、腹痛、下痢、便秘といった消化器症状を経験していることが明らかにされた。

5. おわりに

環境感受性研究のルーツが 1990 年代だとすると、2024 年時点で、この研究領域は 30 年程度の歴史があると言える。ここまで概観したように、環境感受性は、遺伝子型、内分泌・神経活動、表現型といった広範囲の指標を用いて、発達心理学やパーソナリティ心理学、健康・臨床心理学などさまざまな領域のもとで研究されている。同じ環境感受性という概念をターゲットにした研究とはいえ、この概念が期待される役割は分野によって異なるように見える。実際、発達心理学であれば発達的可塑性の指標として、パーソナリティ心理学であれば様々な個人差変数と相関する性格特性として、健康・臨床心理学であればメンタルヘルスのリスク因子として、環境感受性が定義あるいは測定される傾向がある。研究者によっても、この概念の見え方が少しずつ異なっていると思われる。おそらくそれは環境感受性がメタ概念であり、それゆえ遺伝子や神経生理を含む広範囲の事象をカバーすることに由来する。メタ概念であるがゆえに、環境感受性という概念の輪郭がぼやけて見えるのは事実であるが、同時に広範囲の異なる領域からそれにアプローチすることで、ヒトの環境感受性の全体像

が描き出されることもまた事実である。そして本書では、これ以降の章で、さまざまな研究領域から、環境感受性の全体像を描きたいと思う。

引用文献

Acevedo, B. P., Aron, E. N., Aron, A., Sangster, M. D., Collins, N., & Brown, L. L. (2014). The highly sensitive brain: An fMRI study of sensory processing sensitivity and response to others' emotions. *Brain and Behavior*, 4, 580-594. https://doi.org/10.1002/brb3.242

Acevedo, B. P., Santander, T., Marhenke, R., Aron, A., & Aron, E. (2021). Sensory processing sensitivity predicts individual differences in resting-state functional connectivity associated with depth of processing. *Neuropsychobiology*, 80, 185-200. https://doi.org/10.1159/000513527

Amemiya, R., Takahashi, G., Rakwal, R., Kahata, M., Isono, K., & Sakairi, Y. (2020). Effects of yoga in a physical education course on attention control and mental health among graduate students with high sensory processing sensitivity. *Cogent Psychology*, 7, 1778895. https://doi.org/10.1080/23311908.2020.1778895

Aron, E. N., & Aron, A. (1997). Sensory-processing sensitivity and its relation to introversion and emotionality. *Journal of Personality and Social Psychology,* 73, 345-368. https://doi.org/10.1037/0022-3514.73.2.345

Aron, E. N., Aron, A., & Jagiellowicz, J. (2012). Sensory processing sensitivity: A review in the light of the evolution of biological responsivity. *Personality and Social Psychology Review*, 16, 262-282. https://doi.org/10.1177/1088868311434213

Babineau, V., Green, C. G., Jolicoeur-Martineau, A., Bouvette-Turcot, A. A., Minde, K., Sassi, R., ... & MAVAN project (2015). Prenatal depression and 5-HTTLPR interact to predict dysregulation from 3 to 36 months: A differential susceptibility model. *Journal of Child Psychology and Psychiatry*, 56, 21-29. https://doi.org/10.1111/jcpp.12246

Bakermans-Kranenburg, M. J., & Van Ijzendoorn, M. H. (2011). Differential susceptibility to rearing environment depending on dopamine-related genes: New evidence and a meta-analysis. *Development and Psychopathology*, 8, 9941-9949. https://doi.org/10.1017/S0954579410000635

Belsky, J. (1997). Variation in susceptibility to rearing influences: An evolutionary argument. *Psychological Inquiry*, 8, 182-186.

Belsky, J. (2005). Differential susceptibility to rearing influence: An evolutionary hypothesis and some evidence. In B. Ellis & D. Bjorklund (Eds.), *Origins of the social mind: Evolutionary psychology and child development* (pp. 139-163). New York: Guilford.

Belsky, J., Bakermans-Kranenburg, M. J., & van IJzendoorn, M. H. (2007). For better and for worse: Differential susceptibility to environmental influences. *Current Directions in Psychological Science,* 16, 300-304. https://doi.org/10.1111/j.1467-8721.2007.00525.x

Belsky, J., & Beaver, K. M. (2011). Cumulative-genetic plasticity, parenting and adolescent self-regulation. *Journal of Child Psychology and Psychiatry*, 52, 619-626. https://doi.

org/10.1111/j.1469-7610.2010.02327.x

Belsky, J., & Pluess, M. (2009). Beyond diathesis stress: Differential susceptibility to environmental influences. *Psychological Bulletin*, 135, 885-908. https://doi.org/10.1037/a0017376

Boyce, W. T., & Ellis, B. J. (2005). Biological sensitivity to context: I: An evolutionary-developmental theory of the origins and functions of stress reactivity. *Development and Psychopathology*, 17, 271-301. https://doi.org/10.1017/s0954579405050145

de Villiers, B., Lionetti, F., & Pluess, M. (2018). Vantage sensitivity: A framework for individual differences in response to psychological intervention. *Social Psychiatry and Psychiatric Epidemiology*, 53, 545-554. https://doi.org/10.1007/s00127-017-1471-0

Dich, N., Doan, S. N., & Evans, G. W. (2015). Children's emotionality moderates the association between maternal responsiveness and allostatic load: Investigation into differential susceptibility. *Child Development*, 86, 936-944. https://doi.org/10.1111/cdev.12346

Ellis, B. J., Boyce, W. T., Belsky, J., Bakermans-Kranenburg, M. J., & Van Ijzendoorn, M. H. (2011). Differential susceptibility to the environment: An evolutionary-neurodevelopmental theory. *Development and Psychopathology*, 23, 7-28. https://doi.org/10.1017/S0954579410000611

Ellis, B. J., & Del Giudice, M. (2019). Developmental adaptation to stress: An evolutionary perspective. *Annual Review of Psychology*, 70, 111-139. https://doi.org/10.1146/annurev-psych-122216-011732

Eysenck, H. J. (1981). *A model for personality*. New York, NY: Springer-Verlag.

Fraga, M. F., Ballestar, E., Paz, M. F., Ropero, S., Setien, F., Ballestar, M. L., ... & Esteller, M. (2005). Epigenetic differences arise during the lifetime of monozygotic twins. *Proceedings of the National Academy of Sciences*, 102, 10604-10609. https://doi.org/10.1073/pnas.0500398102

Gottlieb, G. (1991). Experiential canalization of behavioral development: Theory. *Developmental Psychology*, 27, 4-13. https://doi.org/10.1037/0012-1649.27.1.4

Gray, J. A. (1981). A critique of Eysenck's theory of personality. In H. J. Eysenck (Ed.), *A model for personality* (pp. 246-276). New York, NY: Springer.

Greven, C. U., Lionetti, F., Booth, C., Aron, E. N., Fox, E., Schendan, H. E., Homberg, J. (2019). Sensory processing sensitivity in the context of environmental sensitivity: A critical review and development of research agenda. *Neuroscience & Biobehavioral Reviews*, 8, 287-305. https://doi.org/10.1016/j.neubiorev.2019.01.009

Hammen, C., Bower, J. E., & Cole, S. W. (2015). Oxytocin receptor gene variation and differential susceptibility to family environment in predicting youth borderline symptoms. *Journal of Personality Disorders*, 29, 177-192. https://doi.org/10.1521/pedi_2014_28_152

平野 真理 (2012). 心理的敏感さに対するレジリエンスの緩衝効果の検討　教育心理学研, *60*, 343-354. https://doi.org/10.5926/jjep.60.343

Hygen, B. W., Belsky, J., Stenseng, F., Lydersen, S., Guzey, I. C., & Wichstrøm, L. (2015). Child exposure to serious life events, COMT, and aggression: Testing differential susceptibility theory. *Developmental Psychology*, 51, 1098-1104. https://doi.org/10.1037/dev0000020

飯村 周平（2016）. 中学生用感覚感受性尺度（SSSI）作成の試み　パーソナリティ研究, *25*, 154-157. https://doi.org/10.2132/personality.25.154

Iimura, S. (2021). Highly sensitive adolescents: The relationship between weekly life events and weekly socioemotional well-being. *British Journal of Psychology*, 112, 1103-1129. https://doi.org/10.1111/bjop.12505

Iimura, S., Deno, M., Kibe, C., & Endo, T. (2022). Beyond the diathesis-stress paradigm: Effect of the environmental sensitivity x pubertal tempo interaction on depressive symptoms. *New Directions for Child and Adolescent Development*, 2022(185-186), 123-143. https://doi.org/10.1002/cad.20456

Iimura, S., & Kibe, C. (2020). Highly sensitive adolescent benefits in positive school transitions: Evidence for vantage sensitivity in Japanese high-schoolers. *Developmental Psychology*, 56, 1565-1581. https://doi.org/10.1037/dev0000991

Iimura, S., & Takasugi, S. (2022). Sensory Processing Sensitivity and Gastrointestinal Symptoms in Japanese Adults. *International Journal of Environmental Research and Public Health*, 19, 9893. https://doi.org/10.3390/ijerph19169893

Iimura, S., Yano, K., & Ishii, Y. (2023). Environmental sensitivity in adults: Psychometric properties of the Japanese Version of the Highly Sensitive Person Scale 10-Item Version. *Journal of Personality Assessment*, 105, 87-99. https://doi.org/10.1080/00223891.2022.2047988

Jagiellowicz, J., Aron, A., & Aron, E. N. (2016). Relationship Between the Temperament Trait of Sensory Processing Sensitivity and Emotional Reactivity. *Social Behavior and Personality*, 44, 185-199. https://doi.org/10.2224/sbp.2016.44.2.185

Kagan, J. (1994). *Galen's prophecy: Temperament in human nature*. New York, NY: Basic Books.

Keers, R., Coleman, J. R., Lester, K. J., Roberts, S., Breen, G., Thastum, M., ... & Eley, T. C. (2016). A genome-wide test of the differential susceptibility hypothesis reveals a genetic predictor of differential response to psychological treatments for child anxiety disorders. *Psychotherapy and Psychosomatics*, 85, 146-158. https://doi.org/10.1159/000444023

岐部 智恵子・平野 真理（2019）. 日本語版青年前期用敏感性尺度（HSCS-A）の作成　パーソナリティ研究, *28*, 108-118. https://doi.org/10.2132/personality.28.2.1

岐部 智恵子・平野 真理（2020）. 日本語版児童期用敏感性尺度（HSCS-C）の作成　パーソナリティ研究, *29*, 8-10. https://doi.org/10.2132/personality.29.1.3

Kibe, C., Suzuki, M., Hirano, M., & Boniwell, I. (2020). Sensory processing sensitivity and culturally modified resilience education: Differential susceptibility in Japanese adolescents. *PLOS ONE*, 15. https://doi.org/10.1371/journal.pone.0239002

Li, X., Li, Z., Jiang, J., & Yan, N. (2022). Children's sensory processing sensitivity and prosocial behaviors: Testing the differential susceptibility theory. *Journal of Experimental Psychology: General*, Advance online publication. https://doi.org/10.1037/xge0001314

Lionetti, F., Aron, A., Aron, E. N., Burns, G. L., Jagiellowicz, J., & Pluess, M. (2018). Dandelions, tulips and orchids: evidence for the existence of low-sensitive, medium-sensitive and high-sensitive individuals. *Translational Psychiatry*, 8, 24. https://doi.org/10.1038/s41398-017-0090-6

Manuck, S. B. (2011). Delay discounting covaries with childhood socio-economic status as a function of genetic variation in the dopamine D4 receptor (DRD4). Paper presented at the Society for Research in Child Development, Montreal, Quebec, Canada.

Monroe, S. M., & Simons, A. D. (1991). Diathesis-stress theories in the context of life stress research: Implications for the depressive disorders. *Psychological Bulletin*, 110, 406-425. https://doi.org/10.1037/0033-2909.110.3.406

Olofsdotter, S., Åslund, C., Furmark, T., Comasco, E., & Nilsson, K. W. (2018). Differential susceptibility effects of oxytocin gene (OXT) polymorphisms and perceived parenting on social anxiety among adolescents. *Development and Psychopathology*, 30, 449-459. https://doi.org/10.1017/s0954579417000967

Ouellet-Morin, I., Robitaille, M. P., Langevin, S., Cantave, C., Brendgen, M., & Lupien, S. J. (2019). Enduring effect of childhood maltreatment on cortisol and heart rate responses to stress: The moderating role of severity of experiences. Development and Psychopathology, 31, 497-508. https://doi.org/10.1017/S0954579418000123

Pluess, M. (2015). Individual differences in environmental sensitivity. *Child Development Perspectives*, 9, 138-143. https://doi.org/10.1111/cdep.12120

Pluess, M. (2017). Vantage sensitivity: environmental sensitivity to positive experiences as a function of genetic differences. *Journal of Personality*, 85, 38-50. https://doi.org/10.1111/jopy.12218

Pluess, M., & Belsky, J. (2010). Differential susceptibility to parenting and quality child care. *Developmental Psychology*, 46, 379-390. https://doi.org/10.1037/a0015203

Pluess, M., & Belsky, J. (2013). Vantage sensitivity: Individual differences in response to positive experiences. *Psychological Bulletin*, 139, 901-916. https://doi.org/10.1037/a0030196

Pluess, M., & Boniwell, I. (2015). Sensory-processing sensitivity predicts treatment response to a school-based depression prevention program: Evidence of vantage sensitivity. *Personality and Individual Differences*, 82, 40-45. https://doi.org/10.1016/j.paid.2015.03.011

Pluess, M., Lionetti, F., Aron, E. N., & Aron, A. (2023). People differ in their sensitivity to the environment: An integrated theory and empirical evidence. *Journal of Research in Personality*, 104. https://doi.org/10.1016/j.jrp.2023.104377

Pluess, M., Mary, Q., Assary, E., Mary, Q., Lionetti, F., Mary, Q., Lester, K. J., Krapohl, E., Aron, E. N., & Aron, A. (2017). Environmental sensitivity in children: Development of the Highly Sensitive Child Scale and identification of sensitivity groups. *Developmental Psychology*, 54, 51-70. https://doi.org/10.1037/dev0000406

Rudolph, K. D., Davis, M. M., Modi, H. H., Fowler, C., Kim, Y., & Telzer, E. H. (2020). Differential susceptibility to parenting in adolescent girls: Moderation by neural sensitivity to social cues. *Journal of Research on Adolescence*, 30, 177-191. https://doi.org/10.1111/jora.12458

Sameroff, A. J. (1983). Developmental systems: Contexts and evolution. In P. Mussen (Ed.), *Handbook of child psychology* (Vol. 1, pp. 237-294). New York, NY: Wiley.

Shakiba, N., Ellis, B. J., Bush, N. R., & Boyce, W. T. (2020). Biological sensitivity to context: A test of the hypothesized U-shaped relation between early adversity and stress responsivity. *Development and Psychopathology*, 32, 641-660. https://doi.org/10.1017/S0954579419000518

Slagt, M., Dubas, J. S., van Aken, M. A. G., Ellis, B. J., & Deković, M. (2018). Sensory processing sensitivity as a marker of differential susceptibility to parenting. *Developmental Psychology*, 54, 543-558. https://doi.org/10.1037/dev0000431

Sperati, A., Spinelli, M., Fasolo, M., Pastore, M., Pluess, M., & Lionetti, F. (2022). Investigating sensitivity through the lens of parents: Validation of the parent-report version of the Highly Sensitive Child scale. *Development and Psychopathology*. https://doi.org/10.1017/S0954579422001298

高橋 亜希 (2016). Highly Sensitive Person Scale 日本版 (HSPS-J19) の作成 感情心理学研究, *23*, 68-77.

Takahashi, T., Kawashima, I., Nitta, Y., & Kumano, H. (2020). Dispositional Mindfulness Mediates the Relationship Between Sensory-Processing Sensitivity and Trait Anxiety, Well-Being, and Psychosomatic Symptoms. *Psychological Reports*, 123, 1083-1098. https://doi.org/10.1177/0033294119841848

Ueno, Y., Takahashi, A., & Oshio, A. (2019). Relationship between sensory-processing sensitivity and age in a large cross-sectional Japanese sample. *Heliyon*, 5, e02508. https://doi.org/10.1016/j.heliyon.2019.e02508

上野 雄己, 高橋 亜希, & 小塩 真司 (2020). Highly Sensitive Person は主観的幸福感が低いのか?——感覚処理感受性と人生に対する満足度, 自尊感情との関連から 感情心理学研究, *27*, 104-109. https://doi.org/10.4092/jsre.27.3_104

上田 真名美, 多田 奏恵, 長谷川 龍樹, & 近藤 洋史 (2023). 感覚処理感受性と内受容感覚の分離可能性 心理学研究, *93*, 573-579. https://doi.org/10.4992/jjpsy.93.22301

Ujiie, Y., & Takahashi, K. (2022). Subjective Sensitivity to Exteroceptive and Interoceptive processing in Highly Sensitive Person. *Psychological Reports*, 00332941221119403. https://doi.org/10.1177/00332941221119403

Van Ijzendoorn, M. H., Belsky, J., & Bakermans-Kranenburg, M. J. (2012). Serotonin transporter genotype 5HTTLPR as a marker of differential susceptibility A meta-analysis of child and adolescent gene-by-environment studies. *Translational Psychiatry*, 2, e147-6. https://doi.org/10.1038/tp.2012.73

Weyn, S., Van Leeuwen, K., Pluess, M., Lionetti, F., Goossens, L., Bosmans, G., Van Den Noortgate, W., Debeer, D., Bröhl, A. S., & Bijttebier, P. (2022). Improving the measurement of environmental sensitivity in children and adolescents: The Highly Sensitive Child Scale-21 Item Version. *Assessment*, 29, 607-629. https://doi.org/10.1177/1073191120983894

Yano, K., & Oishi, K. (2018). The relationships among daily exercise, sensory-processing sensitivity, and depressive tendency in Japanese university students. *Personality and*

Individual Differences, 127, 49-53. https://doi.org/10.1016/j.paid.2018.01.047

Yano, K., Kase, T., & Oishi, K. (2019). The effects of sensory-processing sensitivity and sense of coherence on depressive symptoms in university students. *Health Psychology Open, 6,* 205510291987163. https://doi.org/10.1177/2055102919871638

Yano, K., Kase, T., & Oishi, K. (2021). Sensory processing sensitivity moderates the relationships between life skills and depressive tendencies in university students. *Japanese Psychological Research, 63,* 152-163. https://doi.org/10.1111/jpr.12289

Zeng, S., Liu, C., & Wang, Z. (2022). The Effect of CRHBP rs10062367 polymorphism and parenting styles on internalizing problems in preschoolers: The moderating effect of sensory processing sensitivity. *Child Psychiatry and Human Development.* https://doi.org/10.1007/s10578-022-01418-4

Zhang, X., & Belsky, J. (2022). Three phases of Gene × Environment interaction research: Theoretical assumptions underlying gene selection. *Development and Psychopathology, 34,* 295-306. https://doi.org/10.1017/S0954579420000966

Zhang, X., Widaman, K., & Belsky, J. (2021). Beyond orchids and dandelions: Susceptibility to environmental influences is not bimodal. *Development and Psychopathology,* 1-13. https://doi.org/10.1017/S0954579421000821

第 1 部

発達心理学からみた環境感受性の研究

第1章

人生早期の経験に対する差次感受性とその発達的帰結

飯村周平（創価大学）

1. はじめに

　進化発達心理学（evolutionary developmental psychology）の視座に立つ研究は、人生早期の経験と発達的帰結（developmental outcome）との関連が、子どもの被影響性の個人差によっていかに調整されるかを問うてきた（Belsky, 1997）。進化発達心理学者たちは、人生早期の経験の中でも、とりわけ養育経験とそれに対する被影響性の個人差に着目し、この問いの究明に取り組んできた。現在までに知見は蓄積され、差次感受性理論（Belsky & Pluess, 2009）と一致する比較的頑健なエビデンスが得られている（Del Giudice, 2018）。

　第1部の入り口となる本章では、主に青年期（18歳頃）までの発達段階に焦点を当て、人生早期の経験に対する感受性の差異とそれによって生じる多様な発達的帰結について、現在までの研究動向をレビューする。はじめに、頑健な知見の蓄積がある養育環境に対する差次感受性に関して、遺伝子マーカーと表現型マーカーからアプローチした知見をそれぞれ紹介する。次に、未解明な点が数多く残されているトピックとして、感受性あるいは可塑性の発達にかかわる至近的要因について取り上げたい。最後に、進化発達心理学者が近年提唱した適応的調整モデル（Adaptive Calibration Model; Del Giudice *et al.*, 2011）をもとに、感受性あるいは可塑性の発達的個人差が生じる背景について論じる。

2. 養育環境に対する差次感受性とその発達的帰結

　養育の質が子どもの心理社会的発達に影響を及ぼすことは古くから指摘され、発達心理学者たちはこれまでに膨大な数の知見を蓄積してきた。例えば、「権

威的」な養育スタイルと「権威主義的」な養育スタイルでは、それぞれ子ども
の発達的帰結が異なることが指摘されている (Darling & Steinberg, 1993)。子ど
もの資質を認め、コミュニケーションをよくとり、自身の働きかけについてそ
の根拠を子どもと共有するような「権威的」な態度の養育スタイルは、子ども
の健康的な発達を促進するという。一方で、子どもの行動を厳しくコントロー
ルするような「権威主義的」な養育スタイルは、子どもの心理社会的発達にネ
ガティブな影響を及ぼすとされる。

　差次感受性理論では、こうした養育スタイルあるいは養育の質に対する子ど
もの被影響性には個人差があり、その程度に応じて異なる発達的帰結がもたら
されると仮定する (Belsky, 1997)。つまり、ある子どもは、彼らがもつ遺伝的
もしくは気質的な特徴により、別のある子どもよりも養育の質から影響を受け
やすい (Collins *et al.*, 2000)。序章でも論じたように、いくつかの遺伝子型や表
現型が被影響性のマーカーとして用いられている。ここでは、各マーカーを用
いた研究から、どのような知見が得られているか紹介したい。

2.1. 遺伝子マーカーを用いた研究

　養育環境に対する差次感受性研究は、遺伝子型と環境の交互作用を調べる G
× E 研究の文脈で発展してきた。養育環境に対する被影響性に関与する候補
遺伝子型（主にセロトニン系とドーパミン系）がいくつか挙げられており、特定
の遺伝子型をもつ子どもは、別の遺伝子型をもつ子どもと比較して、養育環境
から「良くも悪くも」影響を受けやすいことが報告されている。

　これに関してヴァン・アイゼンドーレンら (Van Ijzendoorn *et al.*, 2012) は、
比較的頑健なエビデンスを報告している。彼らは、18 歳までの子ども（N =
9,361）を対象にした既存の研究から 77 の効果量を抽出し、セロトニントラン
スポーター遺伝子多型（5-HTTLPR）と養育の質の交互作用が、いかに心理社
会的な発達に影響を及ぼすかを検討するメタ分析を行った。メタ分析の対象と
なった研究では、ポジティブ・ネガティブそれぞれの養育環境に関する変数に
加えて、子どもの心理社会的な発達（例：問題行動や抑うつ症状）に関する変数
が測定されていた。ヴァン・アイゼンドーレンらのメタ分析によれば、
5-HTTLPR の S/S 型や S/L 型をもつ白人（Caucasian）の子どもは、L/L 型を
もつ子どもよりも、ポジティブとネガティブ両方の養育環境から「良くも悪く

も」影響を受けやすいことが明らかにされている。つまり、少なくとも1つの
S型をもつ子どもたちは、サポーティブな養育環境のもとではより健康的な発
達的帰結を遂げ、逆境的な養育環境のもとではより精神病理が高まる方向に発
達する特徴が見られた。

　5-HTTLPRについて簡単に補足しておく。ヒトのセロトニントランスポー
ター遺伝子のプロモーター部分には、その繰り返し配列に多型が存在し、主に
繰り返し配列の長いタイプ（L型）と短いタイプ（S型）に分類される（Heils *et
al.*, 1996）。再現性については疑義もあるが、S/S型、S/L型、L/L型の違いが
抑うつなどの気分障害と関連することがこれまで報告されてきた（Karg *et al.*,
2011; Lotrich *et al.*, 2004）。差次感受性研究では、伝統的に精神病理の「リスク」
遺伝子として扱われてきた5-HTTLPR（S型）が、「可塑性」遺伝子として養
育の質に対する被影響性に関与することを支持している。ただ、その詳細なメ
カニズムはブラックボックスの部分も多い。

　ドーパミン系の遺伝子に関しても、同様のメタ分析が試みられている。ベイ
カーマンズ・クラネンバーグら（Bakermans-Kranenburg & Van Ijzendoorn, 2011）
は、養育環境と心理社会的発達の関係におけるドーパミンD2受容体遺伝子
（DRD2）、ドーパミンD4受容体遺伝子（DRD4）、ドーパミントランスポーター
遺伝子（DAT）の多型の調整効果を調べた12の研究を収集した。収集された

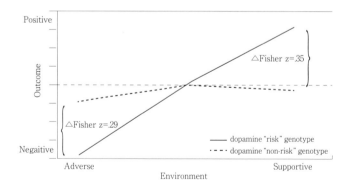

図1-1　被影響性のマーカーとしてのドーパミン関連遺伝子

Bakermans-Kranenburg, M. J., & Van Ijzendoorn, M. H. (2011). *Development and
Psychopathology*, 23(1), 39-52. https://doi.org/10.1017/S0954579410000635 による
Differential susceptibility to rearing environment depending on dopamine-related
genes: New evidence and a meta-analysis. の Figure 3 から引用。

研究は、10歳以下の白人1,232名のデータを含み、合計で15の効果量が報告されていた。養育環境の変数には、温かく応答的な養育やネガティブで指示的な養育に加えて、妊娠中の母親の喫煙歴や生後の母親とのコミュニケーション不全などの変数も含まれた。子どもの心理社会的な発達に関する変数には、問題行動や向社会性などを含んでいた。ベイカーマンズ・クラネンバーグらのメタ分析よれば（図1-1）、伝統的にリスク遺伝子型として扱われてきたDRD2のA1型、DRD4の7回繰り返し配列、DATの10回繰り返し配列は、既存の見解と同様にネガティブな養育環境のもとで、ネガティブな発達的帰結と関連することが示唆された。しかし、サポーティブな養育環境のもとでは、そうしたリスク遺伝子型をもつ子どもは、より利益を享受するように発達することが示された。

2.2. 表現型マーカーを用いた研究

　近年では、養育環境に対する被影響性のマーカーとして子どもの表現型、すなわち気質や性格を測定する研究知見も蓄積している。複数の子どもに対して同じ養育スタイルを用いたとしても、子どもの気質や性格によって、その発達的帰結は異なる。この考え方自体は目新しいものではない（詳細は第2章）。しかし、養育環境と気質の交互作用がどのような関係にあるのか、すなわち序章で解説した素因ストレスモデルでうまく説明されるのか、あるいは差次感受性モデルやヴァンテージ感受性モデルでうまく説明されるのか、それを統合的に調べた研究はなかった。そこでスラグトら（Slagt *et al.*, 2016）はメタ分析を用いて、この課題に取り組んだ。

　彼女らは、母親の養育行動と18歳未満の子どもの気質の交互作用を検討した84件の研究を抽出してメタ分析を行った。この研究では、先行研究で測定された養育行動をポジティブとネガティブな養育行動に大きく分類した。また、子どもの気質として、困難気質、ネガティブ情動性、高潮性（surgency）、エフォートフル・コントロールを測定した先行研究がメタ分析の対象となった。子どもの発達に関する変数は、ネガティブな側面として内在化問題と外在化問題が、ポジティブな側面として社会的および認知的コンピテンスが分析対象となった。

　メタ分析の結果、取り上げられた4つの気質のうち、困難気質とネガティブ

情動性が、ポジティブおよびネガティブな養育行動に対する環境感受性の表現型マーカーとして比較的頑健であることが示された。これらの気質と養育行動の交互作用の形状は、差次感受性モデルを支持し、気質の程度が高い子どもほど「良くも悪くも」養育の質から影響を受けやすかった。また、こうした関連は、養育行動を質問紙ではなく観察ベースで測定した場合でより頑健であった。彼女らは、養育行動を測定した質問紙データは測定誤差が多く含まれ、観察データの方がより精度の高い測定方法であると考察している。

　より最近では、養育の質に対する被影響性のマーカーとして、感覚処理感受性に注目する研究動向も見られる。例えばスラグトら（Slagt *et al.*, 2018）は、ポジティブおよびネガティブな養育行動の時間的な変化と心理社会的な発達（外在化問題と向社会性）との関係における感覚処理感受性の調整効果を調べた。彼女らは、4〜5歳の子ども（N = 264）とその母親を対象に7か月間隔の3時点にわたる縦断調査を行い、これを検証した。分析の結果、感受性が高い子どもは、3時点にわたって養育の質がポジティブな方向あるいはネガティブな方向に変化しているほど外在化問題が「良くも悪くも」発達的に変化することが示された。

　その他にも、向社会的行動（Li *et al.*, 2022）や感情調整（Sperati *et al.*, 2022）、内在化問題（Lionetti *et al.*, 2022）などの発達領域に養育環境が及ぼす影響は、子どもの感覚処理感受性の程度によって異なることが報告されている。

3. 環境感受性や可塑性の発達にかかわる人生早期の環境要因

　ここまで、とくに人生早期の養育環境に対する環境感受性の個人差とそれによる発達的帰結の関係を論じてきた。ある子どもは、特定の環境下において、別のある子どもよりも「良くも悪くも」影響を受けやすいため、特定の心理社会的な領域に関して発達的に大きな変化を遂げる。このような、感受性あるいは可塑性のばらつきが生じる要因には、それに関与する遺伝子が挙げられるが、それだけではない。人生早期の環境を手掛かりにして、我々ヒトは自身の感受性あるいは可塑性の発達を適応的に調整するとされる（Ellis & Del Giudice, 2018; Del Giudice *et al.*, 2011）。ここでは、環境感受性や可塑性の発達に関与する可能性が指摘されている人生早期の環境要因について解説したい。

3.1. 出生前の母親のストレス

　出生前の母親のストレスが、ネガティブおよびポジティブな経験に対する子どもの発達的可塑性を高めるというエビデンスが得られている。例えば、2万8千人ほどの母子を対象としたノルウェーの研究がそれを示唆している（Hartman *et al.*, 2020）。この大規模な研究では、母親に妊娠17週目と30週目の抑うつや不安、30週目のストレスフルライフイベントを評価してもらい、それらが5歳時点の子どもの外在化問題や内在化問題の増幅と関連するかが検証された。結果として、出生前の母親のストレスが高いほど、子どもの内在化問題を増幅させることが示唆された。

3.2. 低出生体重

　出生前の逆境的な環境による結果として低出生体重が挙げられる。これが生後の発達的可塑性の高まりに関与することを実証したエビデンスが得られている（Hartman & Belsky, 2018; Pluess & Belsky, 2011）。ジャケルら（Jaekel *et al.*, 2015）は、超低出生体重児（1,500g未満）と低出生体重児（1,500〜2,499 g）、および正常出生体重児（2,500g以上）における8歳時点の学力が、母親の敏感な養育行動の程度によって異なる影響を受けるかどうかを調べた。その結果、超低出生体重児と低出生体重児は、敏感ではない養育行動によって、正常出生体重児よりもネガティブな影響を受けることが示された。

3.3. 胎内でのアンドロゲン暴露

　感受性あるいは可塑性のばらつきは、遺伝子型の差異だけでなく、出生前（胎内）のホルモンなどの要因にも起因することが近年になって指摘されている。とりわけ、デル・ジュディーチェら（Del Gudice *et al.*, 2018）は胎児期もしくは出生後早期のアンドロゲン（いわゆる男性ホルモン）暴露量の違いが、発達的可塑性のばらつきに関与することを指摘する。彼らは、ヒトの表現型特性（例えば、成人時の身長や体重、出生時の体重、顔の形態、一般知能、パーソナリティ、自閉スペクトラム症特性など）の大部分が女性よりも男性の方が変動しやすいことを踏まえて、発達早期のアンドロゲン暴露の影響を多分に受けた男性の方が発達的可塑性が高いと論じている。彼らが新たに提唱した理論では、まだ仮説の域は出ないものの、その背景を以下のように想定している。

（A）男性における表現型特性のばらつきが大きいのは、男性集団としての可塑性が高いからであり、その可塑性は発達初期のアンドロゲン暴露の影響を受けていることで部分的に説明できる。

（B）女性よりも男性の方が変化に富む形質に着目した場合、発達初期のアンドロゲンレベルが高ければ、男女ともに環境に対する個人の感受性が高まるはずである。

3.4. 環境に対する感受性や可塑性のプロセスモデル

プルースとベルスキー（Pluess & Belsky, 2011）は、環境感受性や可塑性のばらつきに関する統合的な理解を促進するため、出生前と出生後の環境要因を含んだプロセスモデルを提案している（図1-2）。このモデルによれば、出生前における母親のストレスや低体重出生、アンドロゲンを含むホルモンなどの環境が（Hartman *et al.*, 2020; Jaekel *et al.*, 2015; Del Gudice *et al.*, 2018）、出生後における母親のストレスや養育行動などの出生後環境（Slagt *et al.*, 2016）と相互作用的に、被影響性にかかわる生理的・行動的要因（ストレス応答性や気質）を形成する。その結果として環境に対する感受性や可塑性にばらつきが生じる。こうした仮定は、序論で解説した差次感受性理論（Belsky, 1997; 2005）や文脈に対す

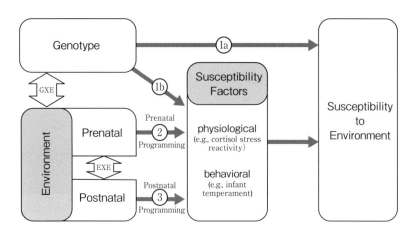

図1-2　出生前と出生後の環境要因と環境感受性

Pluess, M., & Belsky, J. (2011). *Development and Psychopathology*, 23(1), 29–38. https://doi.org/10.1017/S0954579410000623　による Prenatal programming of postnatal plasticity? の Figure 1 から引用。

る生物感受性理論（Boyce & Ellis, 2005）、そして後述する適応的調整モデル（Del Giudice et al., 2011）と矛盾するものではない。

4. 適応的調整モデルからみた環境感受性や可塑性の発達

　すでに序章では、環境感受性や可塑性にばらつきが生じる背景（とりわけ究極要因）について論じていた。例えば、その1つが差次感受性理論である。我々の祖先の時代に、どのような養育行動が子孫の適応度（fitness）を高めるか本来的に予測不可能であったため、自然選択（natural selection）は養育行動に対して高い感受性・可塑性を示す個体と、安定した反応を示す個体を両方維持する「両掛け戦略」を好んだとされる（Belsky & Pluess, 2009）。また、別の説明として、文脈に対する生物感受性理論における条件付き適応の考え方がある（Boyce & Ellis, 2005）。これは人生早期における異なる条件の環境下（サポーティブ、サポーティブと逆境の中間、逆境）で、適応度を最適化するように生物的感受性の程度を発達させるというものである。

　より最近に提唱された適応的調整モデルは、差次感受性理論と文脈に対する生物感受性理論の考え方を組み込みながら、人生早期の環境に対する感受性や可塑性の発達について、ストレス応答システムの視座から説明を試みている（Del Giudice et al., 2011; Ellis & Del Giudice, 2018）。その中心的な考え方を要約すれば、我々ヒトは、出生前（胎内環境）を含む発達初期の環境から、成長後に過ごすであろう将来の環境の手がかりを得る。それをもとに生活史（life history）と関連する自身の発達特性を適応的な方向に調整している、というものである。

4.1. 生活史理論と生活史戦略

　適応的調整モデルは、生活史理論に依拠している。紙面の都合上、詳細な説明は進化生物学や進化心理学の教科書に譲るが、それらについても簡単に補足しておきたい。

　エリスとデル・ジュディーチェ（Ellis & Del Giudice, 2018）によれば、生活史理論は、進化生物学や進化心理学において発達的可塑性や環境感受性のばらつきを説明する主要な枠組みである。生物が利用できる時間やエネルギー（資

源）は有限であるため、ヒトを含む生物は、身体を成長させたり、配偶相手を見つけたり、ライフサイクルにかかわる種々の活動の何にどれだけ時間やエネルギーを分配するか（生活史戦略）が問われる。一般的に、1つの活動に時間とエネルギーを割くことは利益とコストの両方を伴うため、生活史に関連する活動間にはトレードオフが生じることになる。例えば、幼少期にストレスフルな環境下でストレス応答性（感受性）を高めることは生存率を高めるかもしれないが、成人後に精神疾患に罹患する確率を高めるという点でトレードオフの関係にある。エリスら（Ellis *et al.*, 2009）によると、胎児期を含む子ども期までの生活史戦略に関する主要なトレードオフは、身体の成長と維持のトレードオフ、および現在と将来の生殖とのトレードオフであるという。またヒトを含む生物の生活史戦略は、所与の環境において適応度を最大化するように、形態（morphology）や神経生理、行動の発達を調整するとされる。自然選択は、資源配分を最適化するように発達的活動を調整する個体を好むようである。

　種間や種内間の発達のばらつきは、生活史戦略における連続体（continuum）から説明することができる（Del Giudice, 2018; Del Giudice *et al.*, 2015）。興味深いことに、異なる種の生活史戦略は、早い（早い成熟・繁殖、早い成長、小さな体格、高い繁殖力、短い寿命、子孫の質への少ない投資）から遅い（遅い成熟・繁殖、遅い成長、大きな体格、低い繁殖力、長い寿命、子孫への高い投資）までの連続体に配置することができるという。また種内でも同じ連続体に沿っていることが多いとされる。例えばヒトでは、早い時期における性交渉の経験、女性の早期出産、性的パートナーの数の多さ、長期的配偶に対する低い指向性、死亡率の上昇などが、早い生活史を表す形質として挙げられている（Del Giudice, 2018）。

4.2. ストレス応答性の適応的調整モデル

　生活史理論や生活史戦略を踏まえたうえで、デル・ジュディーチェら（Del Giudice *et al.*, 2011, pp.1577-1578）は、適応的調整モデルの全体像を以下のように説明する。

　（A）ストレス応答システムは、3つの主要な生物学的機能を有している。第一に、身体的および心理社会的な課題に対するアロスタティック（ストレスによる心身の疲弊）反応を調整すること。第二に、環境からの情報を符号化したり、フィルターを通したりすることで、環境の入力に対して開かれた状態の程度を

調整すること。第三に、生活史に関連する広範囲の形質や行動を制御すること。

　（Ｂ）ストレス応答システムは条件付き適応のメカニズムとして機能し、代替的な生活史戦略の発達を制御する。発達初期におけるストレス応答システムの活性化や応答性の差異は、環境に対する被影響性の程度を調整する。被影響性の高い子どもは代替的な発達パターンにシフトし、それが生活史戦略のばらつきやストレス応答性の適応的調整を導く。

　（Ｃ）人生早期のストレス応答システムの活性化は、その子どもの環境における生活史に関連した重要な情報を提供する。ストレス応答システム（交感神経系や視床下部-下垂体-副腎軸）が頻繁に活性化することは、外因性の罹患率-死亡率や環境の予測不可能性に関する情報を提供する。その結果として、早い生活史戦略にシフトする傾向がある。一方で、養育者によって提供される安全な環境は、身体的な成長と親の投資を指向する遅い生活史戦略へと発達をシフトさせる。

　（Ｄ）文脈に対する生物感受性理論で説明されているように、人生早期の環境と神経生理的なストレス応答性レベルとの間には非線形（Ｕ字）的な関係が存在する（図０-３を参照）。また、ストレス応答性は領域全般性（あらゆる環境に対して応答性が高いこと）ではなく、領域特異性（特定の環境に対してのみ応答性が高いこと）であると予想される。例えば、ストレス応答性の構成要素のうち、非応答的なパターンの要素は、ある特定のタイプの環境に強く関連することがある。

　（Ｅ）環境に対するストレス応答性のパターンは、環境と遺伝の交互作用のもとで発達する。遺伝子型のばらつきは、ストレス応答性とそれに関連する生活史戦略に方向性を与え、その結果として、ある個人が特定の発達の軌跡をたどるようになる。遺伝子型のばらつきは、環境に対する感受性にも影響し、それにより遺伝子と環境の相互作用が生じる。結果として、ある個人は他の個人よりも広範囲にわたる発達的帰結を示すことになる。

4.3. 敏感期と発達的スイッチポイント

　十分に解明されてない問いの１つは、感受性や可塑性の発達にとってどの時期までが重要（敏感期）か、というものである。一般的には子ども期（５〜７歳頃）の初期が重要な時期とされるが、ヒトのような長寿な種では発達的スイッ

チポイント（平たく言えば、ある個人を表現型 A か表現型 B のどちらかに移行させる発達的メカニズム）が子ども期の中期から思春期の開始ひいては青年期にかけても存在するとの指摘もある（Del Giudice et al., 2011; Ellis & Del Giudice, 2018）。またデル・ジュディーチェら（Del Giudice et al., 2011）は、そうした子ども期の初期から中期、思春期にかけて、ストレス応答性の個人差と性差が大きくなると予想している。子ども期初期から中期は、子ども自身が母親の介入なしに環境を「試す」移行期であり、そこでは自己制御や友人との競争などが求められる。思春期へ移行すると、性行動や恋愛的愛着が前面に出て社会的な競争がより激しくなる。このような各発達段階に特有の環境を手掛かりにして生活史戦略の「見直し」が図られるとされる（Del Giudice et al., 2015）。

5. おわりに

　抑うつや不安、問題行動、自己制御、向社会性など、子どもの発達的帰結の多様性は、環境に対する被影響性のばらつきと養育の質をはじめとする人生早期の環境との相互作用を通じて生じる。この領域の発達心理学者たちは、特定の遺伝子型（例えば、5-HTTLPR や DRD4）や表現型（例えば、困難気質や感覚処理感受性）を環境感受性のマーカーとして扱い、環境感受性が高い子どもほど、ポジティブ・ネガティブ両方の環境から「良くも悪くも」影響を受けやすい（可塑性が高い）ことを報告してきた。進化発達心理学の諸理論によれば、我々ヒトは、胎内ホルモンなどの出生前環境や出生後の養育環境などから自身の将来の環境の手がかりを得るという。その手がかりに応じて、適応度を最大化するように自身の表現型の発達を調節する。環境感受性や可塑性のばらつきもそうした背景から生じることが、いくつかの研究から実証されている。このように、進化発達心理学の視座から人生早期の環境に対する被影響性の機能を解明することは、ヒトの神経生理的および心理社会的発達のダイナミズムの全体像を描き出しうる。

引用文献
Bakermans-Kranenburg, M. J., & Van Ijzendoorn, M. H. (2011). Differential susceptibility to rearing environment depending on dopamine-related genes: New evidence and a

meta-analysis. *Development and Psychopathology*, 23, 39-52. https://doi.org/10.1017/S0954579410000635

Belsky, J. (1997). Variation in susceptibility to rearing influences: An evolutionary argument. *Psychological Inquiry*, 8, 182-186.

Belsky, J. (2005). Differential susceptibility to rearing influence: An evolutionary hypothesis and some evidence. In B. Ellis & D. Bjorklund (Eds.), *Origins of the social mind: Evolutionary psychology and child development* (pp. 139-163). New York: Guilford.

Belsky, J., & Pluess, M. (2009). Beyond diathesis stress: Differential susceptibility to environmental influences. *Psychological Bulletin*, 135, 885-908. https://doi.org/10.1037/a0017376

Boyce, W. T., & Ellis, B. J. (2005). Biological sensitivity to context: I: An evolutionary-developmental theory of the origins and functions of stress reactivity. *Development and Psychopathology*, 17, 271-301. https://doi.org/10.1017/s0954579405050145

Collins, W. A., Maccoby, E. E., Steinberg, L., Hetherington, E. M., & Bornstein, M. H. (2000). Contemporary research on parenting: The case for nature and nurture. *American Psychologist*, 55, 218-232. https://doi.org/10.1037/0003-066X.55.2.218

Darling, N., & Steinberg, L. (1993). Parenting style as context: An integrative model. *Psychological Bulletin*, 113, 487-496. https://doi.org/10.1037/0033-2909.113.3.487

Del Giudice, M. (2018). *Evolutionary psychopathology: A unified approach*. Oxford University Press.

Del Giudice, M., Barrett, E. S., Belsky, J., Hartman, S., Martel, M. M., Sangenstedt, S., & Kuzawa, C. W. (2018). Individual differences in developmental plasticity: A role for early androgens? *Psychoneuroendocrinology*, 90, 165-173. https://doi.org/10.1016/j.psyneuen.2018.02.025

Del Giudice, M., Ellis, B. J., & Shirtcliff, E. A. (2011). The Adaptive Calibration Model of stress responsivity. *Neuroscience and Biobehavioral Reviews*, 35, 1562-1592. https://doi.org/10.1016/j.neubiorev.2010.11.007

Del Giudice, M., Gangestad, S. W., & Kaplan, H. S. (2015). Life history theory and evolutionary psychology. In D. M. Buss (Ed.), *The handbook of evolutionary psychology – Vol 1: Foundations* (2nd ed.) (pp. 88-114). Wiley.

Ellis, B. J., & Del Giudice, M. (2018). Developmental Adaptation to Stress: An Evolutionary Perspective. *Annual Review of Psychology*, 70, 111-139. https://doi.org/10.1146/annurev-psych-122216-011732

Ellis, B. J., Figueredo, A. J., Brumbach, B. H., & Schlomer, G. L. (2009). Fundamental dimensions of environmental risk: The impact of harsh versus unpredictable environments on the evolution and development of life history strategies. *Human Nature*, 20, 204-268. https://doi.org/10.1007/s12110-009-9063-7

Hartman, S., & Belsky, J. (2018). Prenatal stress and enhanced developmental plasticity. *Journal of Neural Transmission*, 125, 1759-1779. https://doi.org/10.1007/s00702-018-1926-9

Hartman, S., Eilertsen, E. M., Ystrom, E., Belsky, J., & Gjerde, L. C. (2020). Does prenatal stress amplify effects of postnatal maternal depressive and anxiety symptoms on child problem behavior? *Developmental Psychology*, 56, 128-137. https://doi.org/10.1037/dev0000850

Heils, A., Teufel, A., Petri, S., Stöber, G., Riederer, P., Bengel, D., & Lesch, K. P. (1996). Allelic variation of human serotonin transporter gene expression. *Journal of Neurochemistry*, 66, 2621-2624. https://doi.org/10.1046/j.1471-4159.1996.66062621.x

Jaekel, J., Pluess, M., Belsky, J., & Wolke, D. (2015). Effects of maternal sensitivity on low birth weight children's academic achievement: A test of differential susceptibility versus diathesis stress. *Journal of Child Psychology and Psychiatry and Allied Disciplines*, 56, 693-701. https://doi.org/10.1111/jcpp.12331

Karg, K., Burmeister, M., Shedden, K., & Sen, S. (2011). The serotonin transporter promoter variant (5-HTTLPR), stress, and depression meta-analysis revisited: evidence of genetic moderation. *Archives of General Psychiatry*, 68, 444-454. https://doi.org/10.1001/archgenpsychiatry.2010.189

Li, X., Li, Z., Jiang, J., & Yan, N. (2022). Children's sensory processing sensitivity and prosocial behaviors: Testing the differential susceptibility theory. *Journal of Experimental Psychology: General*. Advance online publication. https://doi.org/10.1037/xge0001314

Lionetti, F., Spinelli, M., Moscardino, U., Ponzetti, S., Garito, M. C., Dellagiulia, A., Aureli, T., Fasolo, M., & Pluess, M. (2022). The interplay between parenting and environmental sensitivity in the prediction of children's externalizing and internalizing behaviors during COVID-19. *Development and Psychopathology*, 1-14. https://doi.org/10.1017/S0954579421001309

Lotrich, F. E., & Pollock, B. G. (2004). Meta-analysis of serotonin transporter polymorphisms and affective disorders. *Psychiatric Genetics*, 14, 121-129.

Pluess, M., & Belsky, J. (2011). Prenatal programming of postnatal plasticity? *Development and Psychopathology*, 23, 29-38. https://doi.org/10.1017/S0954579410000623

Slagt, M., Dubas, J. S., Deković, M., & van Aken, M. A. G. (2016). Differences in sensitivity to parenting depending on child temperament: A meta-analysis. *Psychological Bulletin*, 142, 1068-1110. https://doi.org/10.1037/bul0000061

Slagt, M., Dubas, J. S., van Aken, M. A. G., Ellis, B. J., & Deković, M. (2018). Sensory processing sensitivity as a marker of differential susceptibility to parenting. *Developmental Psychology*, 54, 543-558. https://doi.org/10.1037/dev0000431

Sperati, A., Spinelli, M., Fasolo, M., Pastore, M., Pluess, M., & Lionetti, F. (2022). Investigating sensitivity through the lens of parents: validation of the parent-report version of the Highly Sensitive Child scale. *Development and Psychopathology*, 1-14. https://doi.org/10.1017/S0954579422001298

Van Ijzendoorn, M. H., Belsky, J., & Bakermans-Kranenburg, M. J. (2012). Serotonin transporter genotype 5HTTLPR as a marker of differential susceptibility A meta-analysis of child and adolescent gene-by-environment studies. *Translational Psychiatry*, 2, e147-6. https://doi.org/10.1038/tp.2012.73

第2章

発達における環境感受性の役割

岐部智恵子（お茶の水女子大学）

1. はじめに（発達心理学における個人差への関心：気質から見る環境感受性）

　人間の行動や発達に関心を寄せるとき、個人差が何に由来するか誰もが一度は考えたことがあるのではないだろうか。例えば、同じ家庭に生まれたきょうだいでも行動特性が全く異なるということはよくあることである。初めての公園に連れて行ったとき、一方は興味津々で探索し、親が近くにいなくても意にも介さずに新しい友達を作って遊ぶかもしれない。もう一方の子どもは慣れない環境の中で親のそばから離れず、他の子どもと遊ぶよりも一人でいることを好み、疲れて早々に帰りたがるかもしれない。このような違いは多様な要因が互いに影響し合う中で形成されるものであるが、後者の子どもには Highly Sensitive Child（HSC）[1] と形容される刺激感受性の高さが関連していることも考えられる。この例のように同じ環境にあっても行動には個人差が見られ、背景の1つには遺伝や神経生理学的要因を基盤とした環境刺激に対する個人の感覚特性の影響があるとされている。このように社会的環境の中で顕在化する個人差については古くから気質やパーソナリティなどの領域で研究が進められてきたが、近年はそれらを包括するメタフレームとして環境感受性（Pluess, 2015）が提唱されている。環境感受性は「環境刺激を知覚、処理する個人の感覚特性」と定義され、かなり大きな枠組みを提供するものであるが、概念導出の背

1　成人の場合は Highly Sensitive Person（HSP）と称されるが、本章では乳幼児期から顕在化する気質研究の流れに位置づけるため、HSC を提示している。

景には発達心理学における気質研究がある[2]。そこで、本章では環境感受性を気質の側面から概観し、発達研究の系譜の中で整理するとともに、発達心理学を超えて領域横断的に発展した理論モデルを紹介し、最後に日本での実証研究の一部を示し、個人の適応における環境感受性の役割について論考していくこととする。

2. 気質：個性発達の初期値

　ヒトの発達を研究対象とする発達心理学領域において、長らく Nature–Nurture（遺伝–環境）論争が続いてきた。すなわち、個人の生得的要因が発達を決定づけるのか、後天的な経験が発達を形成するのかという議論である。現在では、どちらの要因も発達に影響力をもち、それらの相互作用を通して個人が発達していくことが明らかになっているが、その基盤を形成するものとして気質（temperament）の役割が知られている。気質は、個人の神経生理学的特徴を背景として情動性、反応性や自己制御性などの行動特性として現れる生得的な個人差であり、状況や時間を超えて比較的一貫しているものと定義され（Roberts & DelVecchio, 2000; Rothbart, 2011）、いわば「個性発達の初期値」（菅原, 2003）ともいえるものである。冒頭のきょうだいを例にとれば、一方の子どもの気質は「活発さ、接近性」といった行動特性として現れており、公園で遊べるようになる前の乳児期から周囲との機嫌のよいかかわりや、比較的安定した感情状態が初期値として観察されていたことが考えられる。他方、もう一方の子どもの公園での様子は「慎重さ、回避傾向」として捉えることもでき、乳児期には見知らぬ場所や人に対しては「泣き」といった不快反応を示していたかもしれない。このように気質は個人差の原型として早期から観察でき、発達心理学領域の中で多くの関心を集めてきた。ここでは気質研究の 3 つの大きな流れとして、トーマスとチェスらによる現象的アプローチ、バスとプロミンらによる行動遺伝学的アプローチ、ロスバートらによる大脳生理学的個人差に基づ

2　プルース（Pluess, 2015）は環境感受性の概念化において感覚処理感受性理論（Aron & Aron, 1997）、差次感受性理論（Belsky *et al.*, 2007）、生物感受性理論（Boyce & Ellis, 2005）に依拠し枠組みを与えたが、本章ではそれら理論生成の背景にある気質研究に着目し発達心理学的観点から論を進める。

くアプローチを紹介し、個人差の原点について気質の観点から整理してみたい。

　まず、初期の気質研究の中でも影響力の大きいものとして、1950年代からアメリカで行われたトーマスとチェスによるニューヨーク縦断研究がある（Thomas & Chess, 1977; Chess & Thomas, 1986）。当時は連合学習説に基づく行動主義的学習理論が隆盛であり、子どもの発達は養育行動の結果であるとして、環境優位説が主流であった。このような中で、彼らは子どもの発達は養育による単なる受動的な結果ではなく、子どもの特徴が親の養育行動をも決定づける能動的要因であると主張し、その双方向の相互作用性を実証的に示した。彼らは気質を行動様式的要素（stylistic component of behavior）として概念化し、乳児の日常場面における行動的特徴について親に聞き取りを行い、インタビューから得られた子どもの気質特性を9つの次元（活動性、規則性、接近回避、変化への順応性、刺激に対する閾値、反応強度、気分の質、気の散りやすさ、注意の持続性）に整理している。さらに、各次元の組み合わせから子どもの気質的特徴を3つのタイプ（easy：扱いやすい気質、difficult：難しい気質、slow-to-warm-up：ゆっくり適応する気質）に分類し、その特徴が成長に伴って連続性が見られるか、子どもの適応とどのように関連するかを縦断的に測定した。当時の方法論的制約もあり、発達に伴う気質次元ごとの再現性などについて確実な結論が得られたとは言い難いが、気質特性によって連続性の度合いが異なることや成長に従い変化率が大きくなっていくという傾向が示されている。

　また、彼らは気質研究を通して環境適合性（Goodness of Fit）という発達研究における重要な概念を提唱している。例えば、冒頭で示したきょうだいのうち活発で探索的な子どもが活動的な環境にあった場合には、その気質特性は好ましいものとして歓迎されるかもしれないが、規律を重んじる統制的な環境にあった場合には、その気質特性はむしろ「手がかかる子ども」として受け止められるかもしれないのだ。Chess & Thomas（1986）による臨床研究では、子どもの行動は置かれた状況によって現れ方（受け取られ方）が異なるものの、その土台となる気質特性には一貫性があり、環境との適合次第で子どもの発達が意味付けられ、それらの相互作用により発達が形成されていくことが実証的に示されている。なお、この考え方は本章で後述する差次感受性理論（Belsky, 1997; Belsky et al., 2007; Ellis et al., 2011）にも重要な示唆を与えている。

　一方、バスとプロミンは動物の個体差理論なども援用しながら気質を捉え、

行動遺伝学的方法を用いた一連の研究から、遺伝子と環境の相互作用が子どもの発達に影響を及ぼしていることを実証的に示した（Buss & Plomin, 1984）。彼らは遺伝情報を 100％ 共有する一卵性双生児と共有率が 50％ の二卵性双生児を比較するといった双生児研究を通して、子どもの機嫌や気分的反応などの情動性（Emotionality）[3]、日常の活発さなどの活動性（Activity）、他者へのかかわりや接近性などの社交性（Sociability）の気質次元で遺伝率が高いことを見出している。また、養子家庭に育てられた双生児の研究では、誕生以来離れて養育された一卵性双生児の気質の類似性から遺伝の影響を示すと同時に、この類似性は同じ家庭内に育った一卵性双生児の方が有意に高いことを示し、気質に及ぼす環境の影響も明らかにしている（Plomin *et al.*, 1994）。なお、彼らの研究から見出された気質の 3 次元は情動性、活動性、社交性の頭文字をとった EAS モデル[4] として提唱され、このような気質特性は環境との相互作用を経てパーソナリティ発達に関連するとして「気質は生得的なパーソナリティ特性であり、遺伝的要因を背景に乳児期から観察可能なもの」（Buss & Plomin, 1984, p.84）と定義づけられている。

　また、彼らは気質の個体差について進化論的観点から考察し、同一種内で個体の特性にばらつきがあることは、種の安定的維持にとって重要であると指摘している（Buss & Plomin, 1984）。つまり、ある種の中で適応的とされる特性ばかりが増加し、適応的でない特性が減少していくとすれば、種の保存や繁栄にとっては逆説的に負の意味合いを包含することになるという。例えば、社交的な人は集団において適応的であるとされるが、類似の特性を持つ者同士だけで同質的集団を形成することは長期的にはリスクとなる可能性がある。皆が同じように社交的で、しかも社交性が高ければ高いほどよいのではなく、様々な水準の社交性や異なる特性をもつ個人がいることが種の安定的維持につながるというのだ。気質の個人差に関するこの進化心理学的観点からの洞察は、環境感受性（Pluess, 2015）の概念化の過程で依拠した Belsky（1997）による「両掛け戦略」（生物が遺伝子の拡散のためリスクを分散させるように、ヒトの多様性も種の戦

3　彼らが気質次元として示した子どもの情動性は不快（distress）、恐れ（fear）、怒り（anger）のネガティブな 3 側面で捉えられているという特徴がある。
4　バスとプロミン（Buss & Plomin, 1975）による初期のモデルでは衝動性（impulsivity）を含めた EASI モデルが提唱され測定尺度の開発が行われていたが、実証的検討を経る中で見直しが行われ EAS モデルとなっている。

略の一形態であるという主張）にも通じている。

　他方、ロスバートらは、気質は生物学的に規定された反応性と制御性の個人差であり、発達過程において比較的安定的に現れるものと位置づけている（Rothbart & Derryberry, 1981; Rothbart, 2011）。彼女によれば、気質の反応性の基盤は神経生理学的賦活性や覚醒性の反応時間（latency）、閾値、強度などであり、また、制御性はそれら反応性に対する制御プロセスとして反応行動の促進・抑制などの調整的機能をもつ。また、反応性や制御性は個人の情動、活動、注意などの行動的側面で顕在化し、観察可能な気質次元として認められるという。例えば、乳幼児を対象とした研究からは、快感情を伴う反応や接近行動に現れる活動性（surgency）、恐れやすさ、苛立ちやすさなどネガティブな情動性（negative emotionality）、注意の持続や行動抑制などの制御性（regulation）の気質構造を見出している。なお、制御性は発達に伴い認知的側面を包含するエフォートフル・コントロール（effortful control: EC）として概念化され、実行機能的側面との関連からも研究が進められている。

　また、気質は生理学的基盤を持ち発達的連続性が認められることから、ロスバートらは乳幼児期、児童期、青年期や成人期で使用可能な気質測定尺度を開発している。具体的には、乳児版（Infant Behavior Questionnaire: Rothbart, 1981）から成人版（Adult Temperament Questionnaire: Evans & Rothbart, 2007）まで発達段階に従って6つの尺度が開発され、これまで多くの言語に翻訳され世界中で幅広く使用されている[5]。この一連の気質研究は神経生理学的個人差としての気質を質問紙調査という比較的簡便な方法で研究可能にしたとともに、パーソナリティとの関連性についても同一尺度を用いた検討に道を拓いた。これによりBig Five モデルなどの主要なパーソナリティ理論だけでなく（Rothbart *et al.*, 2000; Evans & Rothbart, 2007）、後述するパーソナリティ特性である感覚処理感受性（Aron & Aron, 1997）との関連も検討可能にしている。

　以上、気質研究の3つの大きな流れを概観した。研究者や立場によって気質の次元構造やパーソナリティ発達との連続性、方法論的差異はあるものの、情動性、自己制御性、活動性というおおむね共通の気質次元が見出されていることがわかる（表2-1）。

5　2023年4月時点で乳幼児版は日本語を含む30以上の言語に翻訳され使用されている。
https://research.bowdoin.edu/rothbart-temperament-questionnaires/

表2-1 主要な気質研究における次元分類

共通次元	Rothbart & Bates	Thomas & Chess	Buss & Plomin
情動性	**負の情動性** フラストレーション / 怒り 不快感 なだめにくさ 恐れやすさ 悲しみ	気分の質	情動性
制御性	**制御性** エフォートフル・コントロール 注意制御 抑制制御 低強度の快表現 知覚感受性	規則性 接近 / 回避 順応性 気の散りやすさ 注意の持続 反応閾値	
活動性	**活動性 / 外向性** ポジティブな情動性 接近性 高強度の快表現 衝動性	活動水準 反応強度	活動水準 社交性

Rothbart(2011); Thompson *et al.* (2011) を元に作成。

　これら気質次元の整理から確認されることは、気質とは特性そのものというよりも次元ごとの基準となるルーブリックであり、各次元の程度の違いが個人差として顕在化し観察されるものだということである（Goldsmith *et al.*, 1987）。すなわち各次元に現れる気質特性の「有無」ではなく、その特性の「程度」と「組み合せ」が個人差として観察され、環境との相互作用を通して発達に寄与していくのだ。次項では、先行研究から得られている知見を援用しながら発達や適応における個人差の役割について論考しよう。

3. 発達における個人差の役割：環境適応を捉える視座

　子どもの発達研究において、精神病理や問題行動などを予防し介入する視点が求められてきたことは極めて自然なことである。問題となる要因を見出し、その原因が特定されれば適切な支援や介入につなげられるという立場であり、この観点から多くの重要な知見が得られている。例えば、親の養育態度や愛着関係（Baumrind, 1966; Bowlby, 1969）が子どもの発達に影響を及ぼすという頑健な知見の上に、それらが健全に機能しない場合には子どもの発達にネガティブ

な作用を及ぼし、内在化問題や外在化問題に関連することが明らかになっている。また、子どもによっては反応閾値が低く負の情動性が高い、養育者にとっては「難しい」気質となり、親子の相互作用を阻害してネガティブな発達を予測することも報告されている（Chess & Thomas, 1986; Rothbart & Bates, 2006; Thompson et al., 2011）。さらに、刺激感受性や負の情動性の高さを特徴とする気質は養育環境におけるリスク要因と併存するとき、環境から負の影響を受けやすい脆弱性要因とされ、それら個人と環境の二重のリスクにより不適応や問題行動の発生が高まるという二重リスクモデルや素因ストレスモデルとして発達研究に有力な枠組みを与えてきた。

確かに、環境刺激への閾値が低く知覚したストレスをネガティブな情動として表出しやすい子どもは、そうでない子どもに比べて社会的場面で困難な経験をすることが少なくないかもしれない。しかし、先述の環境適合性の観点に照らすと、子どもの特性に合致する環境の中では自ずと適応の姿も異なって見えるだろう（Chess & Thomas, 1986）。また、進化心理学的見地からすると個人特性のばらつきは遺伝子の拡散にとって有効であり（Buss & Plomin, 1984）、環境の影響を受けやすいという脆弱性の高さは、好ましい環境ではポジティブな影響を受けやすい可塑性となるかもしれない（Belsky, 1997; Belsky & Pluess, 2009）。このように個人の気質特性や脆弱性、適応や不適応の姿を捉えなおす視座が1990年代後半に相次いで提唱され、上述の素因ストレスモデルを拡張する形で差次感受性理論（Belsky et al., 2007; Ellis et al., 2011）に統合されている。

序章でも簡単に触れたが、改めて以下では、のちに環境感受性（Pluess, 2015）として包括的な枠組みの中で論じられる「環境刺激に対する感受性」の個人差について、異なる立場から提唱された3つの感受性概念を概観していこう。

3.1. 差次感受性

発達心理学者であるベルスキーは、養育と子どもの発達を社会的文脈に埋め込まれた生態学的システム（Bronfenbrenner & Crouter, 1983）の中で捉え、養育行動が子どもの気質特性を含む多様な要因の相互作用により規定され、子どもの発達を形成するというプロセスモデルを提示した（Belsky, 1984）。彼はこのモデルによって虐待などの不適切な養育（maltreatment）や子どもの問題行動

の発現は文脈依存的であることを示している。加えて、行動遺伝学的知見や進化心理学的観点からの示唆を得て（Plomin & Daniels, 1987; Rende & Plomin, 1993）、同じリスク環境にあっても影響の受けやすさには個人差がありその分散が適応度の最大化のために効果的であること（両掛け戦略）、また、子どもの問題行動は社会的には「不適応的」である場合でも、生存的観点からは「適応的」機能である可能性を指摘した（Belsky, 1997）。これらの洞察から、リスク下にあって影響を受けやすい刺激感受性の高い個人は、好ましい環境下にあればポジティブな影響も受けやすいという仮説を導出し、被影響性の個人差として差次感受性を提唱し、気質や遺伝要因との関連から実証的知見を示した（Belsky *et al.*, 2007; Belsky & Pluess, 2009）。

3.2. 生物学的感受性

　小児科医であり小児保健の研究者でもあるボイスは、臨床経験の中から感染症罹患に関連する環境ストレスの役割に着目するとともに、子ども達のストレス反応や罹患リスクには個人差があるとして実証研究を進めた。彼は未就学児を対象とした一連の研究で、保育園や家庭などの環境ストレスと子どもの心血管反応性や免疫反応性などの生理学的指標を測定し、看護師により報告された呼吸器系疾患の発症状況との関連の検討から、個人の心理生物学的反応性が環境ストレスによる疾病発症を調整することを示した（Boyce *et al.*, 1995）。すなわち、ストレス反応性の高い子どもはストレス反応性の低い子どもたちと比較すると、高ストレスの環境下では発病率がより高く、低ストレスの環境下では発病率がより低いという結果を得たのであった。ここから、ストレス反応性としての生物学的感受性の高さによってリスク条件下で反応性が亢進され負の影響を及ぼす一方、保護的な環境下ではよりポジティブな影響を受けることを示し、生物学的感受性の環境適応における機能的役割を論じたのである（Boyce & Ellis, 2005）。また、彼は理論化の過程で生物学的感受性の高い一群が母集団の 15 〜 20％いることを示し、その一群の子ども達を蘭タイプ（orchid children）、そうでない子ども達をタンポポタイプ（dandelion children）と名付け、子どもの特性に合わせた環境調整の重要性を説いた（Boyce, 2019）。

3.3. 感覚処理感受性 [6]

　臨床心理学者であるアーロンは感受性が非常に高く環境刺激の影響を受けやすいパーソナリティ特性を HSP/HSC として概念化し、その測定概念として感覚処理感受性を提唱した（Aron & Aron, 1997）。彼女らは HSP を理論化する過程で、気質やパーソナリティ研究に加え動物種を対象とした先行研究のレビューを行い、感覚処理感受性が個体の情報処理特性として反応基盤を形成し、環境適応における重要な機能的側面をもつことを明らかにしている。さらに、感覚処理感受性の高い個人は他者の気分を含む微細な環境変化や刺激を知覚するとともに、刺激過剰になり情動反応を形成しやすいこと、その一方で刺激の細部を識別的に評価し、新規刺激に対して接近よりも回避傾向の行動特性があるとしている（Aron & Aron, 1997; Aron *et al.*, 2012）。また、感覚処理感受性の高さは進化適応的な特徴であり、乳幼児期から顕在化し発達に伴う安定性があるとしている（Aron *et al.*, 2005）。この発達の連続性の観点に立って、成人用の HSP 尺度（Aron & Aron, 1997）に加え、児童青年期用の HSC 尺度（Pluess *et al.*, 2018）も開発され、感受性の個人差が発達や適応に及ぼす影響について研究が進められている（Greven *et al.*, 2019; Iimura & Kibe, 2020; Pluess & Boniwell, 2015; Slagt *et al.*, 2018）。

　上述の通り、発達心理学や小児医学、臨床心理学という研究領域の違いはあるものの、環境刺激に対する知覚感受性と情報処理、反応性の程度に個人差があり、環境の性質次第では感受性の高い個人ほど「良くも悪くも（for better and for worse）」影響を受けやすいという被影響性についての観点は共通していることが分かる。次に、筆者が行った日本での研究を示し、環境感受性の文化横断的概念妥当性や適応における役割について論考していこう。

4. 個人と環境の相互作用：感受性の個人差と適応

　近年、日本でも感受性の個人差に着目した研究が徐々に進み、特に HSP/

6　差次感受性理論の生成過程では感覚処理感受性を測定概念とする HSP（Aron & Aron, 1997）は統合的に論じられていなかったものの、環境刺激に対する感受性の高さが正負両面に作用するという概念的アプローチが差次感受性理論と方向性をともにするとして、将来的な枠組みの共有が示唆されていた（Ellis *et al.*, 2011）。プルース（Pluess, 2015）はこの流れを受けて、これら理論を包括的に論じるメタフレームとして環境感受性を提唱した。

HSC に対する関心が高まっている[7]。ここでは、日本語版 HSC 尺度の作成（岐部・平野, 2019; 2020）と、高校生を対象とした実践研究の中で差次感受性理論を実証的に検討した研究（Kibe *et al.*, 2020）を紹介し、それら研究結果から環境適応における環境感受性の個人差について考えてみたい。

4.1. 日本語版 HSC 尺度の作成と妥当性の検討

　環境刺激に対する感受性の個人差を環境感受性として整理した Pluess（2015）は、心理行動的指標として HSP 尺度（Aron & Aron, 1997）の児童青年期版 HSC 尺度を作成した（Pluess *et al.*, 2018）。彼らは尺度作成に当たり、英国の 8 〜 19 歳 3,581 名を対象に調査を行い、HSP 尺度（Aron & Aron, 1997）で指摘されていた尺度の因子構造の問題（Evans & Rothbart, 2008; Smolewska *et al.*, 2006）を検討し、新たに作成された HSC 尺度では低感覚閾（Low Sensory Threshold: LST）、易興奮性（Ease of Excitation: EOE）、美的感受性（Aesthetic Sensitivity: AES）の 3 つの下位尺度に加え、直交する一般性因子（general sensitivity factor）をもつ双因子モデルの適合がよいことを見出している。また、HSC 尺度が測定概念とする感覚処理感受性と気質やパーソナリティ特性との弁別を検討し構成概念妥当性を確認した。表 2 − 2 に示すように、気質の各次元（情動性、制御性、活動性）とパーソナリティの各側面との関連が報告されている[8]。

　日本では HSP 尺度の日本版を髙橋（2016）が作成しているが（第 8 章参照）、児童青年期用尺度がなかったことから岐部・平野（2019; 2020）が HSC 尺度の日本語版を作成した。作成に当たり、発達区分が異なる児童期と青年期を分け、小学生 400 名と中高生 942 名を対象にそれぞれ調査を行い、感覚処理感受性で測定される HSC とその下位尺度（EOE, AES, LST）と気質やパーソナリティとの関連を検討し、尺度の因子構造を確認している。以下、青年前期と児童期版において構成概念妥当性を検討した結果を示す（表 2 − 3、2 − 4）。

　表 2 − 3 で示されるように、青年前期用 HSC は協調性と負の関連、神経症傾向とネガティブ情動とは正の関連を示しているが、下位尺度に注目すると EOE と LST は協調性と負の関連、神経症傾向とネガティブ情動と正の関連を

7　本邦における本領域の研究動向については飯村（2022; 2023）を参照されたい。
8　プルースら（Pluess *et al.*, 2018）に報告された複数の研究結果から概要をまとめたものである。

表 2 - 2　HSC 尺度と気質、パーソナリティとの関連

			HSC	EOE	LST	AES
気質	情動性	NE	+	+	+	+
		PE	+	+	+	+
	制御性	EC	+	+	+	+
	活動性	BAS	+	+		+
		BIS	+	+	+	+
パーソナリティ	Big Five	神経症傾向	+	+		
		外向性	−	−	−	+
		開放性	+		+	+
		協調性				
		誠実性			−	+

NE：ネガティブ情動、PE：ポジティブ情動、EC：エフォートフル・コントロール、
BAS：行動賦活系、BIS：行動抑制系、+：有意な正の相関、−：有意な負の相関
（Pluess *et al.*, 2018 より作成）。

表 2 - 3　青年前期用 HSC 尺度の構成概念妥当性の検討結果（N = 942）

	青年前期用 HSC	EOE	LST	AES
神経症傾向	.25**	.33***	.14*	.02
外向性	.05	-.07	-.18**	.34***
開放性	-.04	-.14*	-.10	.19**
協調性	-.22**	-.31***	-.15*	.01
勤勉性	-.10	-.20**	.03	.02
ポジティブ情動	.08	-.01	-.02	.22**
ネガティブ情動	.32***	.39***	.20**	.07

EOE：易興奮性、AES：美的感受性、LST：低感覚閾　* p < .05, ** p < .01, *** p < .001
（岐部・平野, 2019 より作成）。

表 2 - 4　児童期用 HSC 尺度の概念妥当性の検討結果（N = 400）

	児童期用 HSC	EOE/LST	AES
負の情動性（気質）	.19***	.27***	-.04
感情強度（気質）	.35***	.27***	.36***
回避傾向（気質）	.12*	.25***	-.18***
低感覚閾（気質）	.42***	.34***	.41***
他者感情への敏感性	.30***	.18***	.42***
他者への共感的関心	.44***	.28***	.59***
個人的苦痛への共感	.40***	.44***	.16***
ファンタジー的共感	.25***	.21***	.24***
他者感情の想像	.27***	.15**	.41***

EOE：易興奮性、AES：美的感受性、LST：低感覚閾　* p < .05, ** p < .01, *** p < .001
（岐部・平野, 2020 より作成）。

示した。一方、AES は外向性、開放性、ポジティブ情動と正の関連を示し、感覚処理感受性の中に正負両面の方向性を持つ尺度が包含されていることが分かる。また、表2−4に示す児童期用 HSC 尺度では、他者感情への敏感性や共感性などと正の関連を示すとともに、負の情動性や感情強度などの「難しい」気質傾向とも正の関連を示した。児童期用 HSC 尺度では、因子構造が青年期と異なる結果となったが、構成概念間の関連性としては類似の傾向を示し、EOE/LST は負の情動性、感情強度、回避傾向、低感覚閾と正の関連が見られた。他方、AES は負の情動性とは関連を示さず、感情強度と低感覚閾と正の関連、回避傾向とは負の関連をもつことが明らかになった。感覚処理感受性の中でも AES は接近傾向や外向性、開放性やポジティブ情動と関連するという結果となったが、表2−2で示したプルースら（Pluess *et al.*, 2018）による結果では AES はネガティブ情動や行動抑制系、神経症傾向とも正の関連が報告されており、日英の結果は必ずしも一致していない。この違いが社会文化的背景によるものなのか、今後の検討が必要である。

　なお、青年前期版では原版の HSC 尺度と同様の双因子モデルによる因子構造を示した一方で、因子負荷が十分でない項目があり、最終的には1項目を削除した11項目で尺度を構成することとなった。児童期用については、原版と同様の12項目で尺度構成が確認されたが、先に示した通り因子構造は異なるものとなっている。これらの結果から児童青年期用の連続尺度として日本語版 HSC 尺度のさらなる検討が求められ、加えて、上記の通り文化横断的な構成概念妥当性の検証には今後の研究知見の蓄積を待たなくてはならない。

4.2. 感受性の個人差に着目した心理支援教育と効果

　先述の通り、環境刺激に対する感受性の高さはその被影響性の高さゆえに脆弱性として捉えられてきた経緯があったが、近年になって再考され多くの実践的知見が蓄積されてきている（e.g., Bakermans-Kranenburg & Van Ijzendoorn, 2011; Nocentini *et al.*, 2019; Pluess & Boniwell, 2015; Slagt *et al.*, 2018）。ここでは、青年期の感覚処理感受性の個人差に着目し、高校生 407 名を対象に心理支援としてのレジリエンス教育を行った著者ら（Kibe *et al.*, 2020）による実践研究を紹介し、青年期の環境適応に及ぼす環境感受性の役割について考えていこう。

　本実践研究は長期留学を前にした高校生への予防的支援としてのレジリエン

ス教育の効果検証の中で、感覚処理感受性の個人差が果たす役割を検討することを目的として行われた。生徒たちにレジリエンス教育を導入するに先立ち、英国で開発されたプログラム SPARK Resilience Programme（Boniwell & Ryan, 2009）のローカライズを行い、言語の翻訳にとどまらず、日本の教育現場になじみやすいよう事例の変更やプログラム構成の調整が行われた[9]。プログラムの実施に先立ち、青年前期用 HSC 尺度（岐部・平野, 2019）で生徒の感覚処理感受性を測定し、プログラムの効果を検証するために生徒たちの自尊感情、自己効力感、レジリエンスや不安・抑うつ傾向などを調査し、スクールカウンセラーによるレジリエンス教育を実施した[10]。その後、プログラム後に HSC 尺度を除く同様の調査を実施し、3か月後のフォローアップ調査を経て効果検証を行った。3時点の測定結果を分析したところ、レジリエンス教育を受けた後の生徒たちの自己効力感が有意に上昇していることが確認され、留学出発前の生徒に対する予防的心理支援としてのレジリエンス教育の効果が実証的に示された。

　一方、レジリエンス教育前に測定した生徒たちの感受性に着目し、感覚処理感受性のレベルで3群に分けて分析を行ったところ、感受性高群の生徒たちはベースラインでの自尊感情が有意に低く、抑うつ傾向を高く報告していることが確認された（図2-1）。長期留学を控えた生徒たちには期待とともに不安が募っていることは容易に想像がつくが、感受性の高い生徒の方が留学前のストレスや不安の影響を受けている可能性が測定結果から示されたことは、先述の素因ストレスモデルの観点から解釈できるのではないだろうか。

　では、感受性の高い個人は「良くも悪くも」影響を受けやすいという差次感受性理論（Belsky & Pluess, 2009; Ellis *et al.*, 2011）の観点から分析すると、心理支援としてのレジリエンス教育の効果は感受性の個人差によって異なる様相を示すだろうか。本研究では、3時点で測定したデータを条件付き潜在成長曲線モデルを用いて分析し、レジリエンス教育の効果に及ぼす感受性の個人差の影響を検討した。表2-5に示すように、プログラム実施前の時点（Intercept）では

9　本実践研究で実施されたレジリエンス教育の具体的な内容については足立・鈴木（2022）に詳述されている。

10　レジリエンス教育の実践研究の一部は科研費（16H00078: 鈴木, 2016）による助成を受けている。

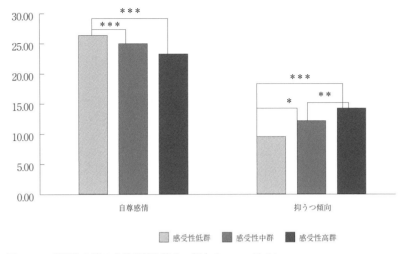

図2−1　感受性3群の自尊感情と抑うつ傾向のベースライン
* $p < .05$, ** $p < .01$, *** $p < .001$
Kibe *et al.*(2020) を再解析して筆者作成。

感受性の高い生徒ほど自尊感情を低く（$b = -1.88$, $p < .001$）、抑うつ傾向を高く（$b = 2.05$, $p < .001$）報告していることがわかる。しかし、レジリエンス教育を受講後の変化（Slope）では、生徒の感受性の高さが自尊感情の上昇（$b = 0.60$, $p < .001$）と抑うつ傾向の減少（$b = -0.51$, $p < .01$）を予測している。つまり、ベースラインでは感受性の高い生徒ほどストレスや不安などの影響を大きく受けていた様子が見られたのに対し、長期留学前の予防的心理支援としてレジリエンス教育を実施したところ、感受性の高い生徒ほど自尊感情が向上し、抑うつ傾向が減少するというポジティブな影響が見られたのである。環境感受性は個人が環境刺激を知覚処理し、反応を形成する基盤を供する。本研究では、留学前の生徒全体に対して行った心理支援教育が生徒の感受性の差によっては効果が異なることを実証的に示し、教育において個人差を視野に入れた支援が求められることが確認されたと言えるだろう。

　上述した一連の研究から、日本においても環境感受性に着目した研究が進められ知見が蓄積されつつあることがわかる。今後は発達の連続性を視野に入れた長期縦断研究や養育などの家庭環境を加味した研究、不登校や引きこもりなどの感受性の個人差が背景にあると想定される社会的課題なども視野に入れ研

表 2−5　感覚処理感受性を予測変数とした条件付き潜在成長曲線分析の結果

従属変数	Intercept（切片）		Slope（傾き）		Fit Indices（適合度指標）		
	b	SE	b	SE	$\chi^2(df)$	CFI	RSMEA
自尊感情	-1.88***	0.34	0.60***	0.17	29.47(5)	0.95	0.11
抑うつ傾向	2.05***	0.37	-0.51**	0.19	7.40(5)	1.00	0.03

**$p < .01$, ***$p < .001$
Kibe *et al.*(2020) から作成。

究が進められることが期待される。

5. おわりに（今後の課題と展望）

　本章では、環境感受性を発達研究の系譜の中に位置づけ、気質の側面から整理するとともに、発達心理学や小児医学、臨床心理学などの領域を超えて発展した理論モデルを紹介し、脆弱性を捉え直す視座が実証的に検討されている現状を概観した。国際的に研究が進む本領域であるが、日本での研究はまだ黎明期と言えるかもしれない。先述したように環境感受性の測定指標は心理行動的指標だけでなく、遺伝的指標や生理学的指標なども含まれる。今後は多様な指標を用いた研究が進み、知見が蓄積されることが望まれる。また、本章で紹介した測定尺度は発達の連続性を検証し、より頑健な尺度への改良が期待される。測定概念である感覚処理感受性の構成概念妥当性については、異なるサンプルを対象に調査を進め発達的安定性を検討するとともに、自閉症スペクトラムの感覚特異性との関連や文化差も視野に入れた多様な観点からの検証が求められるだろう（Greven *et al.*, 2019）。

　近年、多様性についての理解が進み diversity を包摂する社会の在り方が模索される中、環境感受性が包括する一連の感受性の個体差理論は sensory diversity（感覚的多様性）という課題を提示しているともとれるだろう。我々が環境刺激を知覚、登録し処理する一連の主観的体験は個々に異なっているだけでなく、その個人差を基盤に他者や環境と相互作用する中で反応が形成され、「良くも悪くも」適応や発達に寄与していく。ヒトが社会的存在である以上、その適応の姿は社会的文脈で意味付けられ認識されるが、ヒト種という大きな

枠組みで考えると感覚的多様性の存在が進化生物学的な意味での適応のために
は重要なのだと気づかされるのではないだろうか。そうだとすれば、多様性に
ついての理解を深め、個々の存在がよりよく生きられるウェルビーイングの視
点が大切になってくるであろう。誰もが社会の多様性の一部をなすことを認識
し、自己理解と他者理解の上に協働を目指す養育や教育環境が求められるだろ
う。

引用文献

足立 啓美・鈴木 水季（2022）．子どもの逆境に負けない力「レジリエンス」を育てる本　法
　　研

Aron, E. N., & Aron, A. (1997). Sensory-processing sensitivity and its relation to introversion
　　and emotionality. *Journal of Personality and Social Psychology*, 73, 345-368.

Aron, E. N., Aron, A., & Davies, K. M. (2005). Adult shyness: The interaction of
　　temperamental sensitivity and an adverse childhood environment. *Personality and
　　Social Psychology Bulletin*, 31, 181-197.

Aron, E. N., Aron, A., & Jagiellowicz, J. (2012). Sensory processing sensitivity: a review in the
　　light of the evolution of biological responsivity. *Personality and Social Psychology
　　Review*, 16, 262-282.

Bakermans-Kranenburg, M. J., & Van Ijzendoorn, M. H. (2011). Differential susceptibility to
　　rearing environment depending on dopamine-related genes: New evidence and a
　　meta-analysis. *Development and Psychopathology*, 23, 39-52.

Baumrind, D. (1966). Effects of authoritative parental control on child behavior. *Child
　　Development*, 37, 887-907.

Belsky, J. (1984). The determinants of parenting: A process model. *Child Development*, 55,
　　83-96.

Belsky, J. (1997). Variation in susceptibility to rearing influences: An evolutionary argument.
　　Psychological Inquiry, 8, 182-186.

Belsky, J., Bakermans-Kranenburg, M. J., & Van IJzendoorn, M. H. (2007). For better and for
　　worse: Differential susceptibility to environmental influences. *Current Directions in
　　Psychological Science*, 16, 300-304.

Belsky, J., & Pluess, M. (2009). Beyond diathesis stress: differential susceptibility to
　　environmental influences. *Psychological Bulletin*, 135, 885-908.

Boniwell, I., & Ryan, L. (2009). *SPARK Resilience: A teacher's guide*. London, UK: University
　　of East London.

Bowlby, J. (1969). *Attachment and loss: Vol. 1. Attachment*. New York: Basic

Boyce, W. T. (2019). *The orchid and the dandelion: Why sensitive people struggle and how all
　　can thrive*. New York: Penguin Random House.

Boyce, W. T., Chesney, M., Alkon, A., Tschann, J. M., Adams, S., Chesterman, B., Cohen, F.,

Kaiser, P., Forlkman, S., & Wara, D. (1995). Psychobiologic reactivity to stress and childhood respiratory illnesses: Results of two prospective studies. *Psychosomatic Medicine*, 57, 411-422.

Boyce, W. T., & Ellis, B. J. (2005). Biological sensitivity to context: I. An evolutionary-developmental theory of the origins and functions of stress reactivity. *Development and Psychopathology*, 17, 271-301.

Bronfenbrenner, U., & Crouter, A. C. (1983). Evolution of environmental models in developmental research. In P. Mussen (Ed.), *The handbook of child psychology*. New York: Wiley.

Buss, A. H., & Plomin, R. (1975). *A temperament theory of personality development*. New York: Wiley-Interscience.

Buss, A. H., & Plomin, R. (1984). *Temperament: Early developing personality traits*. Hillsdale, NJ : Lawrence Erlbaum Associates.

Chess, S., & Thomas, A. (1986). *Temperament in clinical practice*. New York: Guilford.

Ellis, B. J., Boyce, W. T., Belsky, J., Bakermans-Kranenburg, M. J., & Van IJzendoorn, M. H. (2011). Differential susceptibility to the environment: An evolutionary–neurodevelopmental theory. *Development and Psychopathology*, 23, 7-28.

Evans, D. E., & Rothbart, M. K. (2007). Developing a model for adult temperament. *Journal of Research in Personality*, 41, 868-888.

Evans, D. E., & Rothbart, M. K. (2008). Temperamental sensitivity: Two constructs or one? *Personality and Individual Differences*, 44, 108-118.

Goldsmith, H. H., Buss, A. H., Plomin, R., Rothbart, M. K., Thomas, A., Chess, S., Hinde, R. A., & McCall, R. B. (1987). Roundtable: What is temperament? Four approaches. *Child Development*, 58, 505-529.

Greven, C. U., Lionetti, F., Booth, C., Aron, E., Fox, E., Schendan, H. E., ... & Homberg, J. (2019). Sensory Processing Sensitivity in the context of Environmental Sensitivity: A critical review and development of research agenda. *Neuroscience & Biobehavioral Reviews*, 98, 287-305

飯村 周平（2022）. HSP の心理学——科学的根拠（エビデンス）から理解する「繊細さ」と「生きづらさ」 金子書房

飯村 周平（2023）. HSP ブームの功罪を問う 岩波書店

Iimura, S., & Kibe, C. (2020). Highly sensitive adolescent benefits in positive school transitions: Evidence for vantage sensitivity in Japanese high-schoolers. *Developmental Psychology*, 56, 1565-1581.

岐部 智恵子・平野 真理（2019）. 日本語版青年前期用敏感性尺度（HSCS-A）の作成 パーソナリティ研究, 28, 108-118.

岐部 智恵子・平野 真理（2020）. 日本語版児童期用敏感性尺度（HSCS-C）の作成 パーソナリティ研究, 29, 8-10.

Kibe, C., Suzuki, M., Hirano, M., & Boniwell, I. (2020). Sensory processing sensitivity and culturally modified resilience education: Differential susceptibility in Japanese adolescents. *PLOS ONE*, 15, e0239002.

Nocentini, A., Palladino, B. E., & Menesini, E. (2019). For whom is anti-bullying intervention most effective? The role of temperament. *International Journal of Environmental Research and Public Health, 16,* 388.

Plomin, R., & Daniels, D. (1987). Why are children in the same family so different from one another? *Behavioral and Brain Sciences, 10,* 1-16.

Plomin, R., Owen, M. J., & McGuffin, P. (1994). The genetic basis of complex human behaviors. *Science, 26,* 1733-1739.

Pluess, M. (2015). Individual differences in environmental sensitivity. *Child Development Perspectives, 9,* 138-143.

Pluess, M., Assary, E., Lionetti, F., Lester, K. J., Krapohl, E., Aron, E. N., & Aron, A. (2018). Environmental sensitivity in children: Development of the Highly Sensitive Child Scale and identification of sensitivity groups. *Developmental Psychology, 54,* 51-70.

Pluess, M., & Boniwell, I. (2015). Sensory-processing sensitivity predicts treatment response to a school-based depression prevention program: Evidence of vantage sensitivity. *Personality and Individual Differences, 82,* 40-45.

Rende, R., & Plomin, R. (1993). Families at risk for psychopathology: Who becomes affected and why? *Development and Psychopathology, 5,* 529-540.

Roberts, B. W., & DelVecchio, W. F. (2000). The rank-order consistency of personality traits from childhood to old age: a quantitative review of longitudinal studies. *Psychological Bulletin, 126,* 3-25.

Rothbart, M. K. (1981). Measurement of temperament in infancy. *Child Development, 52,* 569-578.

Rothbart, M. K. (2011). *Becoming who we are: Temperament and personality in development.* New York: Guilford Press.

Rothbart, M. K., Ahadi, S. A., & Evans, D. E. (2000). Temperament and personality: origins and outcomes. *Journal of Personality and Social Psychology, 78,* 122-135.

Rothbart, M. K., & Bates, J. E. (1998). Temperament. In W. Damon & N. Eisenberg (Ed.), *Handbook of child psychology: Social, emotional, and personality development* (pp. 105-176). John Wiley & Sons.

Rothbart, M. K., & Derryberry, D. (1981). Development of individual differences in temperament. In M. E. Lamb & A. L. Brown. (Eds.), *Advances in developmental psychology* (pp. 37-86). Hillsdale, NJ: Erlbaum.

Slagt, M., Dubas, J. S., van Aken, M. A., Ellis, B. J., & Deković, M. (2018). Sensory processing sensitivity as a marker of differential susceptibility to parenting. *Developmental Psychology, 54,* 543-558.

Smolewska, K. A., McCabe, S. B., & Woody, E. Z. (2006). A psychometric evaluation of the Highly Sensitive Person Scale: The components of sensory-processing sensitivity and their relation to the BIS/BAS and "Big Five." *Personality and Individual Differences, 40,* 1269-1279.

菅原 ますみ（2003）．個性はどう育つか　大修館書店

鈴木 水季（2016）．長期留学を控えた高校生へのレジリエンス（逆境に負けない力）教育の実

践と検証　kaken.nii.ac.jp/report/KAKENHI-PROJECT-16H00078/16H000782016jisseki/（アクセス日：2023 年 6 月 12 日）

髙橋 亜希（2016）. Highly Sensitive Person Scale 日本版（HSPS-J19）の作成　感情心理学研究, *23*, 68-77.

Thomas, A., & Chess, S. (1977). *Temperament and development.* New York: Brunner-Routledge.

Thompson, R. A., Winer, A. C., & Goodvin, R. (2011). The individual child: Temperament, emotion, self, and personality. In M. E. Lamb & M. H. Bornstein (Eds.), *Social and personality development: An advanced textbook* (pp. 217-258). New York: Psychology Press.

第3章

良くも悪くも学校環境から影響を受けやすい子どもたち

飯村周平（創価大学）

1. はじめに

　第1章と第2章では、子どもの発達や適応にとって、養育者との関係が重要な環境要因になることを説明した。乳幼児期から児童期、思春期、青年期へと成長するにつれて、子どもたちは養育者と過ごす時間が徐々に短くなり、友人と学校で過ごす時間が増えていく。そうした点で、子どもの発達に影響を及ぼす環境要因として、友人関係などを含む学校環境の重要性が高まる。そして、環境感受性の視座に立てば、友人関係を含む学校環境に対する被影響性・反応性にも個人差があり、それが異なる発達的帰結をもたらす（Markovitch *et al.*, 2021; Markovitch & Knafo-Noam, 2021）。

　この領域の研究者たちの関心は、幼少期の子どもと養育者との関係に長年焦点が当てられており、残念ながら、学校環境と子どもの心理社会的発達の関係が、環境感受性の視座からアプローチされることがほとんどなかった。そこで第3章では、学校移行（school transition）、平たく言えば進学による学校環境の変化に焦点を当て、環境感受性の視点から子どもの発達をどのように理解および研究することができるのかを論じる。

2. 学校移行と子どもの適応

　児童期から青年期にかけて、一般的に児童生徒は比較的短期間のうちに次から次へと新しい学校環境に移らなくてはならない。日本で最も典型的な例を挙げると、まずは幼稚園や保育園などから小学校へ移行し、その後は小学校で6年過ごし中学校へと移行する。中学校で3年過ごし高校へと移行し、高校で3

年過ごした後に大学などに移行する。卒業と進学を繰り返す度に、児童生徒は、進学先の学校で友人や教師との関係を新たに築いたり、その学校で新たな役割期待を求められたり、授業の難易度が高まったり、さまざまな心理社会的・学業的な課題に直面する。そこで大きくつまずけば、児童生徒の適応に問題が生じることになるだろう（飯村 , 2022）。

2.1. 学校移行と子どもの適応の考え方

　学校移行と子どもの適応の関係をどのように考えたらよいだろうか？　伝統的にいくつかの考え方がある。

　第一に、発達段階と度重なる学校移行が累積的に子どもの適応に影響を及ぼすという観点である。例えば、小学校から中学校への移行、中学校から高校への移行は、思春期（第二次性徴）と関連した生物学的な変化を経験する時期と重なる（Lord *et al.*, 1994）。心身ともに不安定な思春期とさまざまな環境変化がともなう学校移行が重なり、それが不適応のリスクを高めうる（Benner, 2011）。

　第二に、個人の要因と環境との適合の良さが学校移行後の適応を規定するという観点である。代表的な理論に、エクルズら（Eccles *et al.*, 1993）による段階–環境適合理論（stage-environment fit theory）がある。この理論の中心的な考え方は、発達段階に応じた個人のニーズと学校環境の適合の良さが子どもの発達的帰結を左右するというものである。この理論に基づくと、子ども個人の心理的ニーズと進学先の学校環境が適合していない場合、その子どもの適応に問題が生じる、と考えることができる。段階–環境適合理論は、個人と環境の交互作用を問う点において、すでに序章で解説した素因ストレスモデルや差次感受性理論と近しい視点をもつ理論だといえる。

2.2. 子どもの適応にとって学校移行はリスクになるか？

　海外の知見が中心ではあるが、学校移行が子どもの適応に与える影響について、ある程度の知見の蓄積がある。とりわけ、高校移行の知見に焦点を当てると、平均的には高校移行を通じて子どもの適応レベルは低下することが知られている（Bennner, 2011）。社会情緒的な側面では、抑うつ症状（Newman *et al.*, 2007）や不安（Benner & Graham, 2009）、孤独感（Benner *et al.*, 2017）の増加、学校所属感（Benner & Graham, 2009）や自尊感情（Barber & Olsen, 2004）、知覚さ

れたソーシャルサポート（Newman *et al.*, 2007）の低下などが報告されている。また、学業面でも平均的にネガティブな影響が見られる。例えば、学業成績（Witherspoon & Ennett, 2011）や課外活動への参加状況（Wang & Eccles, 2012）、退学率（Langenkamp, 2010）などでネガティブな影響が報告されている。このように、生徒は高校移行によって適応上の課題に直面する傾向があり、この分野の研究者は、さまざまな側面の心理社会な機能がネガティブな方向に変化すると考えている。

　ただし、必ずしも全員が、ネガティブな影響を受けるわけではない。著者ら（Iimura & Taku, 2018）の調査によれば、高校移行後に心理的に揺らいでいても、より多くのサポートを受けることができた生徒は、高校移行前よりも対人関係や将来展望などの領域でポジティブな変化を遂げている。

　既存の知見を総合的に見ると、個人と環境の適合の良さの視座に立てば、気質などの個人要因と進学後の環境の組み合わせによって、学校移行後における子どもの適応が、悪い方向だけでなく、良い方向にも影響を受けることが想定される。

3. 環境感受性と学校環境の交互作用から適応を研究する

　ここまでの議論を踏まえたうえで、子どもの環境感受性と学校環境の交互作用の観点から、学校移行後の適応を考えてみたい。環境感受性の理論モデルに基づくと、ある子どもは、遺伝的あるいは気質的な個人要因をもつために、他の子どもと比較して、ポジティブ・ネガティブ両方の学校環境から影響を受けやすい、と言える。この理論のもとでは、3つの異なるモデルから学校移行にともなう子どもの適応にアプローチすることができる（Iimura & Kibe, 2020）。

3.1. 学校移行にともなう適応は素因ストレス、差次感受性、ヴァンテージ感受性のどれで最もよく説明されるか？

　1つ目は、素因ストレスモデル（あるいは二重リスクモデル）である（Monroe & Simons, 1991）。このモデルのもとでは、ある子どもは、環境感受性にかかわる諸要因のレベルが高いために、それが低い子どもよりも逆境的な学校環境からよりネガティブな影響を受けやすい、と考えることができる（詳細は序章の

図0-1を参照のこと）。

2つ目は、差次感受性モデルである（Belsky & Pluess, 2009）。このモデルのもとでは、ある子どもは、環境感受性にかかわる諸要因のレベルが高いために、それが低い子どもよりも、逆境的な学校環境からよりネガティブな影響を受けやすいことに加えて、サポーティブな学校環境からもよりポジティブな影響を受けやすい、と考えることができる（詳細は序章の図0-2を参照のこと）。

3つ目は、ヴァンテージ感受性モデルである（Pluess & Belsky, 2013）。このモデルのもとでは、ある子どもは、環境感受性にかかわる諸要因のレベルが高いために、それが低い子どもよりもサポーティブな学校環境からよりポジティブな影響を受けやすい、と考えることができる（詳細は図0-4を参照のこと）。

上記のうち、どのモデルが最もよく学校移行にともなう子どもの適応を説明できるのか（あるいはどれも説明できないか）を、得られたデータに基づいて検討することになる。

3.2. 素因ストレス、差次感受性、ヴァンテージ感受性を判別する方法

素因ストレス（二重リスク）モデル、差次感受性モデル、ヴァンテージ感受性モデルのうち、どれが学校移行にともなう子どもの適応を最もよく説明できるのか。別の言い方をすれば、環境感受性と学校環境の交互作用の形状は、上記の3つのモデルのうち、どれに最も近いか。これを統計的に検討する方法がいくつか提案されている（Belsky & Widaman, 2018; Del Giudice, 2017; Jolicoeur-Martineau *et al.*, 2019; Roisman *et al.*, 2012; Widaman *et al.*, 2012）。代表的な方法には、ロイズマンの探索的アプローチ（Roisman *et al.*, 2012）とワイダマンの競合的・確認的アプローチ（Widaman *et al.*, 2012）がある。ここではこの2つのアプローチについて、それぞれ簡単に解説したい。

3.2.1. ロイズマンの探索的アプローチ

個人（例：環境感受性にかかわる遺伝子型や気質）と環境の交互作用を検討するための最も一般的な方法は、回帰分析で交互作用項を含むモデルを検討することである（Aiken & West, 1991）。この交互作用項が統計的に有意になった場合、単純傾斜検定を用いて、環境感受性が高いとき（一般的に Mean+1SD）と低いとき（一般的に Mean-1SD）における交互作用の形状を調べる。ただし、交互作用項が有意になったことだけでは、交互作用の形状は分からないため、ロイズマ

ンら（Roisman *et al.*, 2012）が提案するいくつかの指標をもとに、それを探索的に検討する。

　交互作用の形状を特定する指標の1つは、環境変数 (X) についての有意領域（Regions of Significance; RoS）と呼ばれるものである。図3-1に、典型的な素因ストレスモデルと差次感受性モデルをそれぞれ示す環境変数（X）についての有意領域（RoS on X）を描いた。グレーの網掛けが RoS on X である。この領域は、環境感受性（Z）と発達的アウトカム（例：抑うつ症状や向社会性）が有意に関連する環境変数（X）の値を意味している。図3-1 (a) が示すように、環境感受性と発達的アウトカムの関連が、環境変数の値が低い方では有意だが、高い方では有意ではない場合、データが素因ストレスモデルを支持していることを表す。また、図3-1 (b) が示すように、環境感受性と発達的アウトカムの関連が、環境変数の高い方と低い方の両方において有意である場合、データが差次感受性モデルと一致していることを表している。ここでは描かれていないが、図3-1において環境感受性と発達的アウトカムの関連が、環境変数の高い方だけで有意な場合、データがヴァンテージ感受性を支持していることを表す。

　もう1つの指標は、交互作用の割合（Proportion of the Interaction; PoI）指数と呼ばれるものである。この指標は RoS on X と違い、交互作用の解釈がサンプルサイズに依存しない。PoI 指数は、差次感受性の領域における面積の割合によって算出される。図3-2 (b) は、交互作用の形状が典型的な差次感受性モデルと一致しており、b/ (b + w) で計算される PoI 指数は 0.50（= 0.5/[0.5 + 0.5]）となる。図3-2 (a) は典型的な素因ストレスモデルと一致しており、PoI 指数は 0（= 0.0/[1.0 + 0.0]）である。図3-2には描かれていないが、典型的なヴァンテージ感受性の場合には、PoI 指数は 1.0 に近づく。ロイズマンら（Roisman *et al.*, 2012）は、大まかな基準として、PoI 指数が 0.40 〜 0.60 の間は差次感受性モデルとデータが強く一致し、PoI が 0.00 に近づくほど素因ストレスモデルを一致することを提案している。

3.2.2. ワイダマンの競合的・確認的アプローチ

　ロイズマンら（Roisman *et al.*, 2012）の方法は、交互作用項が有意であることを確かめたのちに、探索的に交互作用項の形状を調べるものであった。次に紹介するワイダマンら（Widaman *et al.*, 2012）の方法は、初めから素因ストレスモ

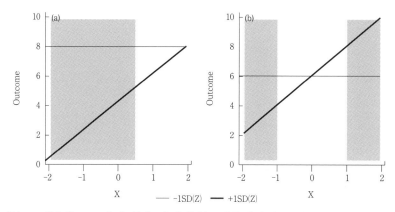

Roisman, G. I., Newman, D. A., Fraley, R. C., Haltigan, J. D., Groh, A. M., & Haydon, K. C. (2012). *Development and Psychopathology*, 24, 389-409. による Distinguishing differential susceptibility from diathesis-stress: Recommendations for evaluating interaction effects. の Figure 3 (p.393) から引用。X は環境変数、Z は環境感受性、Outcome は発達的アウトカムを表す。

図3-1　素因ストレスモデルと差次感受性モデルにおける環境変数についての有意な領域（Regions of Significance on X）

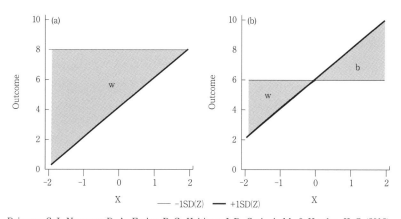

Roisman, G. I., Newman, D. A., Fraley, R. C., Haltigan, J. D., Groh, A. M., & Haydon, K. C. (2012). *Development and Psychopathology*, 24, 389-409. による Distinguishing differential susceptibility from diathesis-stress: Recommendations for evaluating interaction effects. の Figure 4 (p.395) から引用。X は環境変数、Z は環境感受性、Outcome は発達的アウトカムを表す。w は worse 領域、b は better 領域を意味する。

図3-2　素因ストレスモデルと差次感受性モデルにおける交互作用の割合（Proportion of the Interaction）

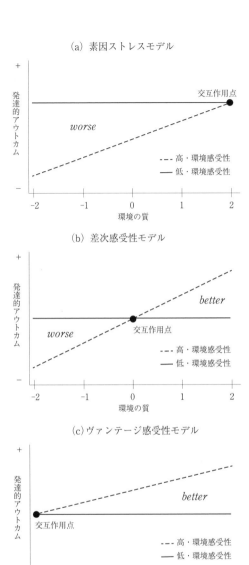

(a) 素因ストレスモデル

(b) 差次感受性モデル

(c) ヴァンテージ感受性モデル

図3-3 各モデルにおける再パラメタ化回帰分析

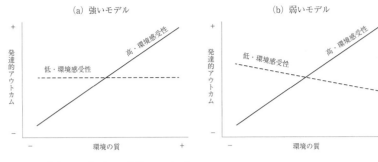

図 3-4 「強いモデル」と「弱いモデル」

デル、差次感受性モデル、ヴァンテージ感受性モデルに沿った統計モデルをそ
れぞれデータに当てはめ、情報量規準（例：Akaike Information Criterion [AIC] や
Bayesian Information Criterion [BIC]）などの指標を参照しながら、競合的および
確認的にモデルを選択するアプローチを採用する。彼らは、こうした統計モデ
ルのことを再パラメタ化モデルあるいは再パラメタ化回帰（re-parameterized
regression）分析と呼んでいる。

　再パラメタ化回帰分析では、統計モデルに交互作用点（crossover point）を組
み込む。交互作用点とは、環境感受性が高いグループと低いグループそれぞれ
の回帰直線が交わる点のことである。この点の位置によって、データがどのモ
デルと一致するかどうかを判別する。図 3-3 は、各モデルにおける交互作用
点の位置を表している。素因ストレスモデルでは、交互作用点をその環境変数
がとりうる最大値に固定し（図の場合、crossover point = 2）、統計モデルに組み
込む。差次感受性モデルでは、交互作用点は固定せず、自由推定する。ヴァン
テージ感受性モデルでは、交互作用点をその環境変数がとりうる最小値に固定
し（図の場合、crossover point = -2）、統計モデルに組み込む。

　また、再パラメタ化回帰分析では、環境感受性が低いグループの傾きについ
て、制約が「強いモデル」と「弱いモデル」をそれぞれ設定して分析する（図
3-4）。「強いモデル」は、環境感受性が低いグループの傾きを 0 に固定する
（図 3-4 の a）。一方で、「弱いモデル」は、そうした制約を置かず、環境感受
性の低いグループの傾きを自由推定する（図 3-4 の b）。

　このように、素因ストレスモデル、差次感受性モデル、ヴァンテージ感受性

モデルについて、それぞれ「強いモデル」と「弱いモデル」を設定し（合計で6つのモデル）、情報量規準をもとに最も適合度のよいモデルを選択する。

4. 高校移行にともなう適応は差次感受性に従う

　ここまで、学校移行にともなう子どもの適応とその統計的アプローチについて解説してきた。冒頭でレビューしたように、この研究分野では、子どもの適応にとって学校移行がリスク要因になることが強調されている（Benner, 2011）。しかし、環境感受性の視座に立てば、感受性が高い場合であっても、望ましい方向に学校環境が変化したときには、子どもの不適応リスクは高まらないと思われる。著者らは、こうした環境感受性と学校移行の質の交互作用に注目して、初めて高校移行にともなう生徒の適応パターンを調べた（Iimura & Kibe, 2020）。

4.1. 研究の方法

　著者らは、高校進学前の3月（Time 1）と高校進学後の5月（Time 2）にわたって、2時点の縦断調査を実施した。高校進学前の3月に、中学3年生412名（女子50%）がオンライン調査に参加し、高校移行後の5月に、344名（女子49%）が再び調査に協力した。

　進学前の3月では、青年前期用敏感性尺度（岐部・平野, 2019）を用いて、生徒の感覚処理感受性を測定した。また、日本語版 WHO-5 精神的健康状態表（Awata *et al.*, 2007）を用いて、最近2週間の社会情緒的ウェルビーイングを測定した。

　進学後の5月では、日本語版 WHO-5 精神的健康状態表に加えて、中学校から高校にかけて学校環境がどのように変化したのかを8項目で生徒に尋ねた。学校環境の変化については、友人との関係や教師との関係、学校の雰囲気、クラスの雰囲気、学校規模などの項目が、高校移行前後でどの程度ネガティブあるいはポジティブに変化したと思うかを生徒自身が評価した。

4.2. 研究の結果

　得られたデータは、ワイダマンの競合的・競争的アプローチに基づいて分析された。はじめに、素因ストレスモデルと差次感受性モデルを比較した。その

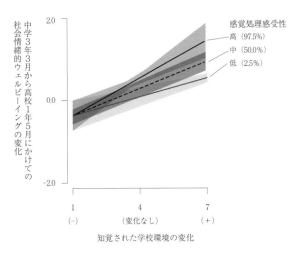

図3−5　感覚処理感受性の個人差と高校移行にともなう適応パターン

結果、差次感受性モデルの方がデータと一致することが明らかになった。さらに、差次感受性モデルとヴァンテージ感受性モデルを比較した結果、ヴァンテージ感受性モデルの方がデータと適合することが示された。

　図3−5は、感覚処理感受性の程度に応じて回帰直線をプロットしたものである。最終的に選択されたヴァンテージ感受性モデルと一致して、感受性が高い生徒は、学校環境がポジティブに変化したと知覚しているほど、社会情緒的ウェルビーイングが高まっていた。

　この結果が示すように、学校移行はすべての生徒にとって不適応のリスク要因になるわけではないようである。生徒の環境感受性と学校移行の質を考慮し、それら交互作用の形状を統計的に比較することで、適応の個人差をより明瞭に説明することができる。

5. おわりに

　幼児期から児童期、青年期へと発達段階を進むにしたがい、子どもの心理社会的な発達にとって友人関係などを含む学校環境の重要性が増していく。本章では、学校環境の中でも、とくに多くの子どもたちが経験する学校移行に焦点

を当て、環境感受性の個人差を踏まえた適応パターンの多様性を議論した。

　養育環境の文脈で提案されたロイズマンやワイダマンの方法は、学校環境の文脈にも適用することができる。この方法論のもとで高校移行にともなう適応パターンを検討すると、既存の学校移行研究で描き出されなかった適応の個人差を、統計モデル選択の観点から描き出すことができた。

　ワイダマンのアプローチを用いた著者らの研究によれば、環境感受性の高い生徒ほど、ネガティブおよびポジティブ両方の学校環境に対して高い発達的可塑性を示し、「良くも悪くも」影響を受けやすかった。とくに、感受性が高い生徒は、学校環境がよりよい方向に変化したと知覚している場合、感受性が低い生徒よりも社会情緒的ウェルビーイングが高まりやすいことが示唆された。

　既存の差次感受性研究は、ヒトの生理神経的および心理社会的な発達にとって、幼児期とその養育環境の重要性を認めてきた。とはいえ、他の種とは異なり、ヒトには特有の長い青年時代があり、この時期にも相対的に高い可塑性が残されている。この点で、青年期という発達段階に加えて彼らが長い時間を過ごす学校環境までをも視野に入れた差次感受性研究は、学術的にも臨床的にも青年発達の理解や支援において意味ある貢献を果たすだろう。しかし、先行研究が主眼を置いてきた幼児期と比較すれば、青年期の差次感受性について得られた知見は極めて限定的である。

引用文献

Aiken, L.S., & West, S.G. (1991). *Multiple regression: Testing and interpreting* interactions. Newbury Park, CA: Sage.

Awata, S., Bech, P., Yoshida, S., Hirai, M., Suzuki, S., Yamashita, M. ,... Oka, Y. (2007). Reliability and validity of the Japanese version of the World Health Organization-Five Well-Being Index in the context of detecting depression in diabetic patients. *Psychiatry and Clinical Neurosciences*, 61, 112-119. http://dx.doi.org/10.1111/j.1440-1819.2007 .01619.x

Barber, B. K., & Olsen, J. A. (2004). Assessing the transitions to middle and high school. *Journal of Adolescent Research*, 19, 3-30. https://doi.org/10.1177/0743558403258113

Belsky, J., & Pluess, M. (2009). Beyond diathesis stress: Differential susceptibility to environmental influences. *Psychological Bulletin*, 135, 885-908. https://doi.org/10.1037/a0017376

Benner, A. D. (2011). The transition to high school: Current knowledge, future directions. *Educational Psychology Review*, 23, 299-328. https://doi.org/10.1007/s10648-011-9152-0

Benner, A. D., & Graham, S. (2009). The transition to high school as a developmental process among multiethnic urban youth. *Child Development*, 80, 356-376. https://doi. org/10.1111/j.1467-8624.2009.01265.x

Benner, A. D., Boyle, A. E., & Bakhtiari, F. (2017). Understanding students' transition to high school: Demographic variation and the role of supportive relationships. *Journal of Youth and Adolescence*, 46, 2129-2142. https://doi.org/10.1007/s10964-017-0716-2

Belsky, J., & Widaman, K. (2018). Editorial Perspective: Integrating exploratory and competitive–confirmatory approaches to testing person × environment interactions. In *Journal of Child Psychology and Psychiatry and Allied Disciplines*, 59, 296-298. https://doi.org/10.1111/jcpp.12824

Del Giudice, M. (2017). Statistical tests of differential susceptibility: Performance, limitations, and improvements. *Development and Psychopathology*, 29, 1267-1278. https://doi.org/10.1017/s0954579416001292

Eccles J. S. Midgley C. Wigfield A. Buchanan C. M. Reuman D. Flanagan C. & Mac Iver, D. (1993). Development during adolescence: The impact of stage-environment fit on young adolescents' experiences in schools and in families. *The American Psychologist*, 48, 90-101. https://doi.org/10.1037/0003-066x.48.2.90

飯村 周平（2022）. 第 9 章 高校移行——発達の多様性をみつめる　加藤弘通・岡田有司・金子泰之（編）問いからはじまる心理学 第 2 巻 何のための研究か？ 教育の問題を心理学する（pp.240-264）福村出版

Iimura, S., & Taku, K. (2018). Positive developmental changes after transition to high school: Is retrospective growth correlated with measured changes in current status of personal growth? *Journal of Youth and Adolescence*, 47, 1192-1207. https://doi.org/10.1007/s10964-018-0816-7

Iimura, S., & Kibe, C. (2020). Highly sensitive adolescent benefits in positive school transitions: Evidence for vantage sensitivity in Japanese high-schoolers. *Developmental Psychology*, 56, 1565-1581. https://doi.org/10.1037/dev0000991

Jolicoeur-Martineau, A., Belsky, J., Szekely, E., Widaman, K. F., Pluess, M., Greenwood, C., & Wazana, A. (2019). Distinguishing differential susceptibility, diathesis-stress, and vantage sensitivity: Beyond the single gene and environment model. *Development and Psychopathology*, 32, 73-83. https://doi.org/10.1017/S0954579418001438

岐部 智恵子・平野 真理（2019）. 日本語版青年前期用敏感性尺度（HSCS-A）の作成　パーソナリティ研究 , 28, 108-118. https://doi.org/10.2132/personality.28.2.1

Langenkamp, A. G. (2010). Academic vulnerability and resilience during the transition to high school: The role of social relationships and district context. *Sociology of Education*, 83, 1-19. https://doi.org/10.1177/0038040709356563

Lord, S. E., Eccles, J. S., & McCarthy, K. A. (1994). Surviving the junior high school transition family processes and self-perceptions as protective and risk factors. *Journal of Early Adolescence*, 14, 162-199. https://doi.org/10.1177/027243169401400

Markovitch, N., Kirkpatrick, R. M., & Knafo-Noam, A. (2021). Are Different Individuals Sensitive to Different Environments? Individual Differences in Sensitivity to the Effects of the Parent, Peer and School Environment on Externalizing Behavior and its Genetic and Environmental Etiology. *Behavior Genetics*, 51, 492-511. https://doi.org/10.1007/s10519-021-10075-7

Markovitch, N., & Knafo-Noam, A. (2021). Sensitivity, but to which environment? Individual differences in sensitivity to parents and peers show domain-specific patterns and a negative genetic correlation. *Developmental Science*, e13136. https://doi.org/10.1111/desc.13136

Monroe, S. M., & Simons, A. D. (1991). Diathesis-stress theories in the context of life stress research: Implications for the depressive disorders. *Psychological Bulletin*, 110, 406-425. https://doi.org/10.1037/0033-2909.110.3.406

Newman, B. M., Newman, P. R., Griffen, S., O'Connor, K., & Spas, J. (2007). The relationship of social support to depressive symptoms during the transition to high school. *Adolescence*, 42, 441-459.

Pluess, M., & Belsky, J. (2013). Vantage sensitivity: Individual differences in response to positive experiences. *Psychological Bulletin*, 139, 901-916. https://doi.org/10.1037/a0030196

Roisman, G. I., Newman, D. A., Fraley, R. C., Haltigan, J. D., Groh, A. M., & Haydon, K. C. (2012). Distinguishing differential susceptibility from diathesis-stress: Recommendations for evaluating interaction effects. *Development and Psychopathology*, 24, 389-409. https://doi.org/10.1017/S0954579412000065

Wang, M. T., & Eccles, J. S. (2012). Social support matters: Longitudinal effects of social support on three dimensions of school engagement from middle to high school. *Child Development*, 83, 877-895. https://doi.org/10.1111/j.1467-8624.2012.01745.x

Widaman, K. F., Helm, J. L., Castro-Schilo, L., Pluess, M., Stallings, M. C., & Belsky, J. (2012). Distinguishing ordinal and disordinal interactions. *Psychological Methods*, 17, 615-622. https://doi.org/10.1037/a0030003

Witherspoon, D., & Ennett, S. (2011). Stability and change in rural youths' educational outcomes through the middle and high school years. *Journal of Youth and Adolescence*, 40, 1077-1090. https://doi.org/10.1007/s10964-010-9614-6

第 2 部

パーソナリティ心理学からみた
環境感受性の研究

第4章

環境感受性とパーソナリティ特性

小塩真司（早稲田大学）

1. はじめに

　心理学においてパーソナリティは、非常に広い範囲を指す概念である。アメリカ心理学会のオンライン辞書によると、パーソナリティとは個人の生活に対する独自の適応を構成する特徴および行動の永続的な構造を指しており、その中には主要な心理特性、興味、意欲、価値、自己概念、能力、感情パターンなどが含まれる（American Psychological Association [APA], 2023）。感情のパターンや認知的なパターンについてもパーソナリティの概念の中に含まれることから、この広いパーソナリティという概念の中には、環境感受性（あるいはそれが高い人を指す HSP）を含めることもできるだろう。

　また、パーソナリティとは別に、パーソナリティ特性という言葉を用いることもある。これは、個人の行動や態度、感情、習慣のパターンから推測される比較的安定した一貫性のある永続的な内的特性（APA, 2023）とされる。パーソナリティのある要素に注目し、連続的な個人差を仮定して表現されるものを指す場合に、この表現を用いることが多いのではないだろうか。環境感受性も各自が異なるレベルをもつ個人差として表現され、時間や場所を越えて比較的安定する一貫した特性として表現されることから、パーソナリティ特性として捉えることもできるだろう。

　なお一般的に、HSP はタイプ（類型）として理解されることが多い。しかし本章では HSP の特性を連続的に扱う。HSP 尺度の得点は高い人と低い人がいるだけではなく、非常に高い得点を示す人から非常に低い得点を示す人までが連続的に存在しており、他のパーソナリティとの関連も HSP 尺度の得点がより高い（低い）人ほど、他のパーソナリティの得点もより高く（低く）なるよ

うな連続的な関連の大きさ、すなわち相関係数として表現される。

　本章では、環境感受性をパーソナリティ特性のような比較的安定した心理特性として捉え、他のパーソナリティ特性との間にどのような関連が認められるのか、またそこからどのようなことが言えるのかを検討していく。他のパーソナリティ特性との関連の中から、環境感受性の特徴が明確になるだろう。

2. Big Five パーソナリティ

　現在、世界的に最もよく用いられているパーソナリティのモデルは、Big Five パーソナリティだと言えるだろう。このモデルはもともと語彙仮説(lexical hypothesis) の流れを汲むものである。語彙仮説は、ある文化において顕著に見られるパーソナリティの多くは、自然言語の中に符号化されているという仮定に基づく（Allport & Odbert, 1936)。そして、ある言語の辞書の中に含まれるパーソナリティ用語は、その言語を使用する人々が日常的な相互作用の中で重要で有用だと見なしてきた特徴の集合を提供する（Goldberg, 1981)。私たちが日常的に使用している言葉のなかには、数多くのパーソナリティに関連する用語が含まれているのである。

　オルポートとオドバート（Allport & Odbert, 1936）は、辞書に収録されている単語の中から、パーソナリティ語として使用可能な約4500単語を抽出した。その後、他の研究者たちが単語を整理していく中で、Big Five パーソナリティが見出されることになっていった。そしてゴールドバーグ（Goldberg, 1981）は、それまでに打ち立てられたパーソナリティに関するモデルを、5つのパーソナリティ特性から整理することが可能であることを示した。またコスタとマクラエ（Costa & McCrae, 1992）も、過去の研究を整理する中で5つのパーソナリティ次元を見出し、それらを測定する尺度（NEO-PI-R）を構成した。1990年代以降、Big Five パーソナリティの研究が増加し、現在では心理学以外の研究領域でも応用されるようになっている。

2.1. Big Five パーソナリティの内容
　Big Five パーソナリティの5つの特性は、それぞれが人間の異なる、特徴的なパーソナリティ次元を表現する。各次元は、おおよそ次のような内容で成

り立っている（John, 2021; 下仲・中里・権藤・高山 , 1992）。

外向性（Extraversion）は、活動的でエネルギッシュに外的世界に働きかける傾向を指す特性である。他の人が好きなことや、人が集まる場所に参加することを好み、社交的な傾向を示す。しかし、この社交性の背景には、興奮や刺激を求める傾向があると考えられている。社交性というと、人間関係の上手さをイメージするかもしれないが、活動性の高さが外向性の特徴だと言えるので注意が必要である。外向性の逆方向は内向性であり、他者との関係性が少ない傾向が見られる。

神経症傾向（Neuroticism）は情緒不安定性とも呼ばれ、不安や抑うつ、怒りなどネガティブな感情を抱きやすい傾向を表す。その背景には、ストレスに対して反応しやすい傾向や、敏感さがあると考えられる。神経症傾向の逆方向は情緒安定性とも呼ばれ、満足度の高さやストレスに対する耐性の高さなどを示す。

開放性（Openness）は、経験への開放性（Openness to Experience）とも呼ばれる。これは、心理的な構えや経験が開かれていることを意味しており、好奇心や創造的な姿勢、新しいことを受け入れる傾向などに関連する。また、芸術や学問に対する関心や感覚も強い傾向がある。開放性が低い人は保守的で、目新しいことにあまり興味を惹かれない傾向がある。「開放性」という単語を聞くと、人間関係のことを思い浮かべるかもしれないが、開放性は人間関係だけに関連する特性ではない。

協調性（Agreeableness; 調和性とも言う）は、いわゆる「やさしさ」という言葉で表される特徴を持ち、向社会的で利他的、他者に対して共感的な態度をとる傾向を表す。協調性の高さは、周囲の人々に対して良い印象を与え、円滑な人間関係をもたらすと考えられる。協調性の低さは、攻撃性や敵意、自己中心的で競争的、他者を自分の思いどおりに操作しようとする傾向へとつながる。

勤勉性（Conscientiousness; 誠実性とも言う）は、衝動や欲求をコントロールする自己制御や、目標に向かって活動する責任感や達成指向性を反映する。勤勉性が高い人の特徴は、約束を守り、規則正しい生活をし、整理整頓を行い、誤りがないかどうかを確実に確認するなどの行動として現れやすい。勤勉性の低さは道徳心に欠けているわけではないが、衝動的で忍耐力が弱い特徴が見られる。

2.2. Big Five パーソナリティと環境感受性

　Big Five パーソナリティの5つの心理特性は、HSP 尺度で測定された環境感受性とどのような関連を示すのだろうか。リオネッティら（Lionetti *et al.*, 2019）は、8つの論文で報告された相関係数をメタ分析によって統合している。表4−1は、ベイズ統計の手法を用いて推定された相関係数である。なお相関係数の解釈にはいくつかの基準があるが、ギグナクら（Gignac & Szodorai, 2016）のレビューによれば、パーソナリティ領域の研究においては、$r = .10$ で小さな関連、$r = .20$ で中程度の関連、$r = .30$ を超えると大きな関連だと解釈される。本章では、ある程度の関連が認められていることを意味する $r = .20$ をひとつの基準として、結果を見ていくことにしよう。

　表4−1を見ると、まず HSP 尺度の全体や3つの下位側面は、いずれも神経症傾向と正の関連を示すことがわかる。しかし、美的感受性と神経症傾向に関しては小さな関連にとどまっており、特に青年期以前の年齢集団では関連が小さい点も特徴的である。美的感受性に関しては、開放性との間にも正の関連を示している。外向性に関しては、低感覚閾と易興奮性との関連について、青年期以前と成人期で関連の大きさが異なっており、美的感受性との関連では青年期以前においてのみ正の関連が認められた。

　HSP 尺度は全体として、明らかに Big Five パーソナリティの神経症傾向に関連するという特徴を持つと言える。神経症傾向はストレスへの反応の強さ、感情の不安定さ、ネガティブな感情の抱きやすさなど、環境に対する敏感さにも対応する特徴を含んでいる。従って、HSP 尺度と神経症傾向の対応は、内

表4−1　Big Five パーソナリティと HSP 尺度の関連

	環境感受性		低感覚閾		易興奮性		美的感受性	
	成人	児童	成人	児童	成人	児童	成人	児童
外向性	-.02	-.13	-.07	-.16	-.05	**-.23**	.08	**.21**
神経症傾向	**.40**	**.42**	**.27**	**.27**	**.44**	**.46**	.17	.10
開放性	.14	.13	.05	.19	.03	.01	**.36**	**.27**
協調性	.03	.05	.02	-.03	.04	-.04	.03	.14
勤勉性	-.03	.03	.02	.10	.01	-.08	.02	.11

$N = 6790$。太字は $r = .20$ を超える相関係数を表す。児童は16歳以下、成人は大学生以上の年齢集団の結果を表す。外向性は外向性／行動賦活系（BAS）、神経症傾向は神経症傾向／行動抑制系（BIS）がまとめられている。Lionetti *et al.*（2019）より筆者作成。

容の重なりからも納得のいく結果だと言えるだろう。また HSP 尺度の下位側面のひとつである美的感受性については、開放性との関連が特徴的である。開放性には知的好奇心や学問への関心、進取的な政治的態度だけでなく、美術や芸術に対する関心といった美的感受性にも通じる特徴が含まれていることによると考えられる。その一方で、HSP 尺度の各得点と外向性との関連は、年齢群によって一貫していない点には注意が必要である。この結果については、年齢によって HSP や外向性の意味が変化する可能性や、測定に用いられる外向性尺度の内容など、複数の要因によって関連の様相が異なってくる可能性を考える必要がある。

3. 強化感受性理論

　イギリスの心理学者アイゼンクは、外向性と神経症傾向を基本的な 2 軸としたパーソナリティ理論を展開した（Eysenck, 1967）。アイゼンクのモデルにおける外向性は、個人の基本的な指向性がどの程度、外側を向いているかを意味する。また神経症傾向は、不安を抱きやすい程度や、不健康さの指標を意味する。さらにアイゼンクは、冷淡で非社交的な特徴をあらわす精神病傾向を加えた 3 次元モデルを提唱した。これらはおおよそ、現在の Big Five パーソナリティにおける外向性と神経症傾向に対応する内容となっている。アイゼンクのモデルは 1940 年代から 1980 年代にかけて広く用いられ、1990 年代以降、次第に Big Five パーソナリティのモデルへと移行していった（John, 2021）。

　グレイは、外向性と神経症傾向を中心とするアイゼンクの理論を発展させ、強化感受性理論（Reinforcement Sensitivity Theory）と呼ばれる独自のモデルを構成した（Gray, 1982）。ここでは、この理論と HSP との対応を見ていくことにしたい。

3.1. BIS/BAS と FFFS
　強化感受性理論では、不安の背景に行動抑制系（Behavioral Inhibition System; BIS）、衝動性の背景に行動賦活系（Behavioral Activation System; BAS）と呼ばれる動機づけシステムを想定する。行動抑制系は外向性の低さ（内向性）と神経症傾向の高さの間に位置し、行動賦活系は外向性の高さと神経症傾向の低さ

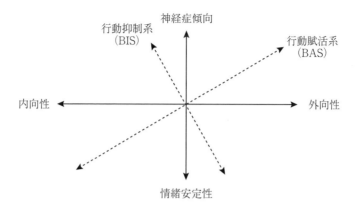

図 4-1　BIS/BAS と外向性・神経症傾向の対応
筆者作成。

（情緒安定性）の間に位置する心理特性としても捉えられており、神経症傾向を縦軸、外向性を横軸として平面に図を描いた場合、BIS と BAS はそれぞれ約30度傾いた次元として描かれる（図4-1）。またこれら BIS と BAS に加え、脅威に相対した際に生じる闘争−逃走−凍結システム（Fight-Flight-Freeze System: FFFS）もこの理論におけるモデルの中に含まれる。

　BAS と FFFS は刺激に対して接近や回避といった行動を引き起こすシステムであり、BIS は目標間に問題が生じたときに不安を生じさせることで行動を調整するシステムだと言える。また、BAS は衝動性や依存の問題に、BIS は不安障害や強迫性障害といった問題に関連するとされる。心理尺度を用いた研究では、BAS は報酬に対する反応として、BIS は罰に対する反応として測定される。また、罰をもたらす刺激に対する反応である FFFS と BIS の区別が困難であることから、両者はともに罰への感受性として測定される。

　先に Big Five パーソナリティとの対応で見たように、HSP は神経症傾向と比較的強く結びついており、外向性との関連は一貫しないようである。では、神経症傾向と外向性にもかかわりが深い BIS および BAS と HSP との関連は、どのようなものとなるのであろうか。

表4-2　BIS/BAS と HSP 尺度の関連

	環境感受性	低感覚閾	易興奮性	美的感受性
BIS	<u>**.32**</u>	<u>.19</u>	<u>**.36**</u>	<u>.15</u>
BAS				
報酬反応性	<u>.16</u>	.01	<u>.19</u>	<u>.18</u>
駆動	.03	.10	-.03	.09
刺激探究	-.07	-.09	-.09	.08

$N = 823$。BIS = 行動抑制系、BAS = 行動賦活系。下線は統計的に有意な相関係数（$p < .05$）、太字は $r = .20$ を超える相関係数を表す。Smolewska et al.（2006）より筆者作成。

3.2. 環境感受性と強化感受性理論の対応

　BIS/BAS と HSP 尺度との関連を検討した、スモレスカら（Smolewska et al., 2006）の研究から、両者の関連について確認してみたい（表4-2）。なお、BAS は国内外の多くの研究で3つの要素に分かれることが知られている（高橋他, 2007）。BAS の報酬反応性は、報酬の存在や報酬を予期することに対するポジティブな反応を表す。BAS の駆動は、望ましい目標に対する持続的な追求を表す。そして BAS の刺激探究は、新しい刺激や報酬を与える刺激に対して衝動的に接近する傾向を表す。

　HSP 尺度全体と易興奮性は、BIS と比較的大きな関連を示しており、低感覚閾と美的感受性についても、$r = .20$ は下回ってはいるが、統計的には有意な正の関連を示している。また、HSP 尺度全体、易興奮性、美的感受性については、BAS の報酬反応性との間に $r = .20$ を下回る低い値ではあるが正の有意な関連を示した。BAS の駆動や刺激探究については、HSP 尺度全体および3つの下位側面との間に明確な関連は示されていない。

　図4-1に示すように、BIS は神経症傾向に近く、やや内向性方向に位置する。そして BAS は外向性に近い位置をとり、神経症傾向の高さも伴う関係にある。これらと正の関連を示すということは、やはり HSP 尺度の各得点が脅威や報酬といった、全体的な刺激に対して過剰に反応する傾向を表していると言えるだろう。一方で BAS の一部である報酬反応性、すなわち報酬に対するポジティブな反応が HSP 尺度の易興奮性や美的感受性に小さいながらも関連することは、ポジティブな刺激に対する反応性の高さという特徴を反映した結果だと言えるだろう。そして、BIS/BAS との関連の結果は、HSP が外向性と

明瞭かつ単純な関係を示すわけではないことも示唆している。Big Five パーソナリティの外向性と HSP との関連が正負両方の方向性で見られ一貫していないのは、外向性のどの側面に注目するかによって、HSP との関連が異なる可能性を示唆している。

4. クロニンジャー理論

アメリカ合衆国の精神医学者クロニンジャーは、気質（temperament）と性格（character）という大きな 2 つの側面から人間の根源的な特徴を描き出そうと試みた。気質は無意識的に環境に反応する様式を反映しており、性格は意識的に自分自身の行動をコントロールする様式を反映する（木島, 2014）。ここでの「性格」は、personality ではなく character と表現されている点には注意が必要である。英単語 character は、personality よりも好ましいニュアンスをもつ。これは日本語における「性格」と「人格」のニュアンスの違いに似ている[1]。これは、クロニンジャー理論の「性格」が、道徳的・社会的に望ましい意味の心理特性であることを反映している。

4.1. 気質と性格

クロニンジャー理論の気質には、4 つの特性が想定されている（木島, 2014）。損害回避は、危険を察知して将来の出来事を心配し、悲観的に予測する傾向を意味する。報酬依存は人を情緒的にさせ、人と一緒にいることを好み、共感的で感傷的な傾向を表す。新奇性追求は、新しいものを好む傾向を表し、衝動的な行動に結びつく。固執は、報酬依存から独立した次元として見いだされたものであり、完全主義的で目標志向的な傾向を表す。

また性格は、3 つの次元で表現される。自己志向性は自己の側面における成長を表し、自分自身をありのままに受け入れる傾向を意味する。協調性は社会の次元における成長を表し、共感や思いやり、協力といった志向性を意味する。自己超越性は宇宙の次元における成長を表し、スピリチュアルで超現実的な出来事も受け入れていく志向性を意味する。

---

[1] 「人格者」という表現は可能である一方、「性格者」という表現が成立しないことからも、「人格」が好ましいニュアンスを持つことが理解される。

表 4 - 3　Temperament and Character Inventory（TCI）と HSP 尺度の関連

	環境感受性	低感覚閾	易興奮性	美的感受性
気質				
損害回避	<u>**.47**</u>	<u>**.43**</u>	<u>**.55**</u>	.03
報酬依存	<u>**.24**</u>	.08	<u>.18</u>	<u>**.28**</u>
新奇性追求	<u>-.12</u>	<u>-.16</u>	-.17	<u>.12</u>
固執	<u>.11</u>	.04	.03	<u>**.21**</u>
性格				
自己志向性	<u>**-.26**</u>	<u>-.13</u>	<u>**-.34**</u>	-.04
協調性	.02	-.01	-.06	<u>.19</u>
自己超越性	<u>**.26**</u>	<u>.13</u>	.10	<u>**.40**</u>

$N = 395$。下線は統計的に有意な相関係数（$p < .05$）、太字は $r = .20$ を超える相関係数を表す。Licht *et al.*（2020）より筆者作成。

4.2. 気質・性格と HSP との関連

　では、クロニンジャー理論における気質、性格の各次元は、HSP 尺度とどのような関連を示すのであろうか。Temperament and Character Inventory（TCI）と HSP 尺度の相関関係を検討したリクトら（Licht *et al.*, 2020）の結果を表 4 - 3 に示す。

　HSP 尺度全体は、損害回避、報酬依存と正の関連、自己志向性とは負の関連、そして自己超越性とも正の関連を示している。相関係数は $r = .20$ を下回る低い値ではあるが、新奇性追求とは統計的に有意な負の関連、固執とは正の関連が示された。HSP 尺度の下位側面に注目すると、低感覚閾と易興奮性は、損害回避と比較的大きな関連を示している。損害回避は、心配や不安、恐怖などネガティブな感情を抱きやすく、疲労を感じやすいとされる。Big Five パーソナリティの神経症傾向や強化感受性理論の BIS と同様に、TCI との関連においても、低感覚閾や易興奮性、そして環境感受性全体が、将来をネガティブに捉える悲観的な傾向につながっていることが示唆される。

　その一方で美的感受性は、低感覚閾や易興奮性とは異なる関連パターンを示した。美的感受性は損害回避とは関連を示さず、報酬依存、固執、そして自己超越性と比較的大きな関連を示している。報酬依存が社会的関係の維持、固執が忍耐強さを表し、これらはともに完全主義傾向にも関連し（Kobori *et al.*, 2005）、特に固執はその傾向が強い（中川・佐藤, 2010）。そして自己超越性は広

く物事を受け入れていく傾向を表すことから、美的感受性が単に芸術や音楽など美しいものに敏感になる傾向を表すだけでなく、目標に向かう志向性、ポジティブな結果に反応する傾向、そして広く豊かな精神的活動にもつながりうる特徴をもつことがうかがえる。

5. ナルシシズム（自己愛）

　ここまでにも示されたように、環境感受性は刺激に敏感で興奮しやすく、美的な刺激にも注意を向ける傾向がある。環境感受性が高い人は、一般的に「生きづらさ」や「疲労感」を抱きやすく、生活や人生全体を困難なものと認識する傾向があるようである。

　しかしその一方で、HSP 概念が世の中に広がる背景には、感受性の強さを一種の特別なものとみなす風潮があるのかもしれない。環境への感受性を一種の特別な自分の特徴だと考えることで、「自分が他の人とは異なる存在である」と捉えることを意味する。さらに HSP であることを、現実の対人場面や SNS 等で周囲の人々に主張することで、自分に対する特別な視線や扱いを求めようと意図することにもつながると考えられる。もちろん、明示的にそのような態度をとることはまれであるかもしれない。しかし、HSP であることを主張する背景に、なんらかの形で自分自身を特別視する傾向が垣間見えることはないであろうか。このような HSP を主張する特徴は、ナルシシズム（自己愛）的なパーソナリティにも重なるものであると考えられる。

　ここでは、一見重なりがないように見える HSP と自己愛傾向の関連を見ていきたい。両者の関係を見ていくことで、HSP について新しい理解が可能となるかもしれない。

5.1. 種類の自己愛

　自己愛は、古代ギリシャのナルキッソス神話がもとになっている。エリス（Ellis, 1898）が自分自身の身体を性の対象とすることを指してこの用語を比喩として用い始め、ナッケ（Näcke, 1899）は性的な倒錯状態のことを指してナルシシズムという言葉を当てはめた。そして精神分析学者フロイト（Freud, 1914 懸田 1953）が、本格的に精神分析学的な概念としてナルシシズムを導入して

いった。その後、多くの研究者によってナルシシズムの概念が拡大、展開され、1970年代に入るとナルシシズムの病理が報告されるようになってくる。そして、1980年代に入ると、DSM-III（Diagnostic and Statistical Manual of Mental Disorders, 3rd ed.; American Psychiatric Association, 1980）に自己愛性パーソナリティ障害（Narcissistic Personality Disorder）が掲載されたことで、研究が大きく進展することとなった。

　多くの臨床家が臨床例を報告する中で、おおよそ自己愛性パーソナリティ障害には2種類の臨床像が見られることが明らかにされてきた。それは、誇大なタイプの自己愛と、過敏（脆弱）なタイプの自己愛である。誇大なタイプは、自分自身に対する過剰な自信、自己中心性、自己顕示的な傾向、他者からの評価に鈍感な傾向を特徴とする。一方で過敏なタイプは、他者からの評価に敏感で、誇大な自己の感覚を内側に隠し、自分の存在を消そうとする振る舞いが特徴的である（小塩・川崎, 2011）。これらはともに自己愛的な特徴でありながらも、その内容によって対人面や社会面における表出の仕方が大きく異なるパターンをとることを示している。

　2種類の自己愛をパーソナリティ特性として測定する心理尺度のひとつが、病理的自己愛目録（Pathological Narcissism Inventory; PNI）である（Pincus *et al.*, 2009; 日本語版は川崎・小塩, 2021を参照）。この尺度は7つの下位尺度から構成されており、そのうち3つは過敏な自己愛、4つが誇大な自己愛をさらに細かい側面から測定する。その内容は、以下のとおりである（川崎・小塩, 2021）。

　過敏な自己愛は、随伴的自尊感情、自己隠蔽、脱価値化の3特性が含まれる。随伴的自尊感情は、自尊感情の変動と、他者からの賞賛や承認がないと自尊感情が維持されないという自覚をもつことを特徴とする。自己隠蔽は、他の人々に対して自分の失敗や欲求を見せないように隠す傾向を指す。脱価値化は、自分を賞賛しない他者に対して無関心になり、期待はずれの他者からの承認を得ようとしていたのではないかと恥ずかしく感じることを指す。

　誇大な自己愛は、搾取性、自己犠牲的自己高揚、誇大空想、権威的憤怒の4特性が含まれる。搾取性は、他者を自分の利益のために利用する操作性を表す。自己犠牲的自己高揚は、自分自身の好ましいイメージを維持するために、他者を助けるような行動を意図的に行うことを意味する。誇大空想は、自分の成功や、賞賛や承認を得ることに関連する空想に囚われている傾向を指す。そして

権威的憤怒は、自分が特別で特別扱いを受けるべきだという特権意識が満たされないときに激しい怒りの感情を抱くことを意味する。

5.2. 自己愛と HSP

　ジャウクら（Jauk *et al.*, 2022）は、PNI と HSP 尺度との関連を検討している（表4-4）。HSP 尺度全体、特に低感覚閾と易興奮性は、全体的に過敏な自己愛と比較的関連しており、美的感受性は誇大な自己愛に関連することが示されている。HSP 尺度は全体的に過敏な側面の自己愛に関連する傾向があり、部分的に誇大な自己愛にも関連することが示されている。

　特に易興奮性は、随伴的自尊感情、自己隠蔽、脱価値化という3つの過敏な自己愛の側面のいずれとも関連が強く、加えて誇大空想や権威的憤怒という誇大な自己愛の側面ともある程度の関連が見られることから、HSP 尺度の下位側面の中では、易興奮性がもっとも自己愛的な傾向につながりやすいと言えるだろう。また低感覚閾も、自己愛との間に易興奮性と類似した関連のパターンを示していた。刺激や環境に対する敏感さや反応の強さが、他者からの過剰な賞賛や承認を求めたりそのような空想を抱いたりすること、さらに思いどおりに賞賛が得られないときに怒りの感情を抱く段階にまでつながっていく可能性があることを、易興奮性や低感覚閾と自己愛との関連は示唆していると考えられる。

表4-4　PNI と HSP 尺度の関連

	環境感受性	低感覚閾	易興奮性	美的感受性
過敏な自己愛	<u>.44</u>	<u>.35</u>	<u>.50</u>	<u>.19</u>
随伴的自尊感情	<u>.33</u>	<u>.23</u>	<u>.44</u>	.09
自己隠蔽	<u>.40</u>	<u>.33</u>	<u>.42</u>	<u>.18</u>
脱価値化	<u>.40</u>	<u>.33</u>	<u>.40</u>	<u>.19</u>
誇大な自己愛	<u>.22</u>	<u>.15</u>	<u>.15</u>	<u>.24</u>
搾取性	<u>.12</u>	.08	-.05	<u>.28</u>
自己犠牲的自己高揚	<u>.16</u>	.09	<u>.17</u>	.11
誇大空想	<u>.22</u>	.16	<u>.20</u>	.17
権威的憤怒	<u>.33</u>	<u>.25</u>	<u>.35</u>	<u>.15</u>

N = 280。下線は統計的に有意な相関係数（*p* < .05）、太字は *r* = .20 を超える相関係数を表す。Jauk *et al.*（2022）より筆者作成。

一方で、美的感受性と誇大な自己愛、特に搾取性との関連は特徴的である。音楽や芸術への感受性だけでなく、個人の精神的な豊かさにも関連する美的感受性は、その自分への注意の集中に伴う自己中心性のために、他者への配慮に欠く行動につながるのかもしれない。

　HSPと自己愛的なパーソナリティというと、両者の関連について想像することは難しいのではないだろうか。しかし、関連の程度は他のパーソナリティ特性との関連に比べても決して小さなものではない。もちろん、環境感受性全体が高い人が必ず自己愛的な傾向を示すというわけではない。しかし自己愛的な傾向、特にPNIは自己愛のやや病理的な側面に焦点を当てて測定する尺度であることからも、自分の脆弱さを認識し、不快な状態を避けようとする場合に、その態度や行動が社会的な問題や断絶、孤立につながる可能性があることにも留意しておく必要があるだろう。自己愛の研究から見れば、過敏な自己愛の背景には、環境に対する敏感さや必要以上の反応性が存在する可能性も示唆する。このような観点から自己愛的なパーソナリティについて考えていくことも重要であるかもしれない。

6. おわりに

　本章では、HSP尺度とさまざまなパーソナリティ特性との関連を検討してきた。全体的にHSPは、刺激や環境に対する敏感さや反応の強さに関連することが、他のパーソナリティ特性との関連からも明らかにされたと言えるだろう。一方で関連のパターンは、低感覚閾および易興奮性と、美的感受性でやや異なるパターンを示すことも明らかである。低感覚閾と易興奮性は敏感さや脆弱さ、反応の強さという点で、共通する特徴を有している。美的感受性にもそのような側面は部分的には認められるものの、それよりも開放性（Big Five）や自己超越性好奇心（TCI）が意味する、新しいことや珍しいもの、スピリチュアルな事象に興味を抱き、受け入れていく志向性を特徴としているようである。

　近年、刺激希求性（Sensation Seeking）とHSPとの組み合わせが論じられることがある。刺激希求性は外向性のファセット（下位側面）でもあり（Costa & McCrae, 1992）、強化感受性理論のBASにも関連が強い特性である。本章で示したように、HSP尺度が神経症傾向に対応しており、刺激希求性が外向性の

一部を構成する要素であれば、HSPと刺激希求性の組み合わせは、神経症傾向と外向性を組み合わせたアイゼンク理論や、そこから派生したBIS/BASの組み合わせを彷彿とさせる。刺激希求性とHSPの組み合わせは、これまでのパーソナリティ理論では説明できない現象を説明するのであろうか。この点は十分に検討されるべき問題であろう。

　またHSP尺度と自己愛的なパーソナリティとの関連は、HSPのダークな側面を浮き彫りにする。HSP尺度は全体的に過敏な自己愛と、また部分的には誇大な自己愛にも関連しており、特に他者との関係性において問題を発生させる可能性が示唆される。HSP尺度の得点が高い人物であっても、自分自身への評価を求め、他者からの評価を求めないわけではない。刺激に対して敏感であるがゆえに他者からの評価にも敏感で、自分自身が求める評価と現実との間のギャップに直面し、やや現実離れした空想や想定をしてしまう可能性も示唆される。HSPと具体的な対人関係上の問題については、今後さらに詳細な検討が進められることが期待される。

引用文献

Allport, G. W., & Odbert, H. S. (1936). Trait-names: A psycho-lexical study. *Psychological Monographs*, 47 , i-171. https://doi.org/10.1037/h0093360

American Psychiatric Association. (1980). *Diagnostic and statistical manual of mental disorders. (3rd ed.).* Author.

American Psychological Association (2023). *APA Dictionary of Psychology.* American Psychological Association. Retrieved February 20, 2023, from https://dictionary.apa.org

Cohen, J. (1992). A power primer. *Psychological Bulletin*, 112, 155-159. https://doi.org/10.1037//0033-2909.112.1.155

Costa, P. T. Jr., & McCrae, R. R. (1992) *Revised NEO personality inventory (NEO-PI-R) and NEO five-factor inventory.* Psychological Assessment, Resources, Inc.

Ellis, H. (1898). Auto-erotism: A psychological study. *Alienist and Neurologist*, 19, 260-299.

Eysenck, H. J. (1967). *The biological basis of personality.* Springfield, IL: Charles C. Thomas Publisher.

Freud, S. (1914). Zur Einführung des Narziβmus. *Jahrbuch der Psychoanalyse*, 6, 1-24.
（フロイト, S. 懸田 克躬（訳）(1953). ナルチシズム入門 フロイト選集 5 性欲論　日本教文社）

Gignac, G. E., & Szodorai, E. T. (2016). Effect size guidelines for individual differences researchers. *Personality and Individual Differences*, 102, 74-78. https://doi.org/10.1016/j.paid.2016.06.069

Goldberg, L. R. (1981). Language and individual differences: The search for universals in personality lexicons. *Review of personality and social psychology*, 2, 141-165.

Gray, J.A. (1982) *The Neuropsychology of Anxiety: An Enquiry into the Functions of the Septo-Hippocampal Systems*. Oxford University Press.

Jauk, E., Knödler, M., Frenzel, J., & Kanske, P. (2022). Do highly sensitive persons display hypersensitive narcissism? Similarities and differences in the nomological networks of sensory processing sensitivity and vulnerable narcissism. *Journal of Clinical Psychology*, 79, 228-254. https://doi.org/10.1002/jclp.23406

John, O. P. (2021). History, measurement, and conceptual elaboration of the Big-Five trait taxonomy: The paradigm matures. In O. P. John & R. W. Robins (Eds.), *Handbook of personality: Theory and research* (pp. 35-82). The Guilford Press.

川崎 直樹・小塩 真司（2021）．病理的自己愛目録日本語版（PNI-J）の作成　心理学研究, *92*, 21-30. https://doi.org/10.4992/jjpsy.92.19217

木島 伸彦（2014）．クロニンジャーのパーソナリティ理論入門――自分を知り、自分をデザインする　北大路書房

Kobori, O., Yamagata S., & Kijima.N. (2005). The relationship of temperament to multidimensional perfectionism trait. *Personality and Individual Differences*, 38, 203-211. https://doi.org/10.1016/j.paid.2004.04.003

Licht, C. L., Mortensen, E. L., Hjordt, L. V., Stenbaek, D. S., Arentzen, T. E., Nørremølle, A., & Knudsen, G. M. (2020). Serotonin transporter gene (SLC6A4) variation and sensory processing sensitivity-Comparison with other anxiety-related temperamental dimensions. *Molecular Genetics & Genomic Medicine*, 8, e1352. https://doi.org/10.1002/mgg3.1352

Lionetti, F., Pastore, M., Moscardino, U., Nocentini, A., Pluess, K., & Pluess, M. (2019). Sensory Processing Sensitivity and its association with personality traits and affect: A meta-analysis. *Journal of Research in Personality*, 81, 138-152. https://doi.org/10.1016/j.jrp.2019.05.013

中川 明仁・佐藤 豪（2010）．Cloninger の気質 4 次元と自己志向的完全主義との関連　パーソナリティ研究, *19*, 38-45. https://doi.org/10.2132/personality.19.38

Näcke, P. (1899). Die sexuellen Perversitäten in der Irrenanstalt. *Psychiatrische en Neurologische Biaden*, 3, 122-149.

小塩 真司・川崎 直樹（編著）（2011）．自己愛の心理学――概念・測定・パーソナリティ・対人関係　金子書房

Pincus, A. L., Ansell, E. B., Pimentel, C. A., Cain, N. M., Wright, A. G. C., & Levy, K. N. (2009). Initial construction and validation of the pathological narcissism inventory. *Psychological Assessment*, 21, 365-379. https://doi.org/10.1037/a0016530

下仲 順子・中里 克治・権藤 恭之・高山 緑（1992）．日本版 NEO-PI-R, NEO-FFI　使用マニュアル　東京心理

Smolewska, K. A., McCabe, S. B., & Woody, E. Z. (2006). A psychometric evaluation of the Highly Sensitive Person Scale: The components of sensory-processing sensitivity and their relation to the BIS/BAS and "Big Five." *Personality and Individual Differences*, 40, 1269-1279. https://doi.org/10.1016/j.paid.2005.09.022

高橋 雄介・山形 伸二・木島 伸彦・繁桝 算男・大野 裕・安藤 寿康（2007）．Gray の気質モデル――BIS/BAS 尺度日本語版の作成と双生児法による行動遺伝学的検討　パーソナリティ研究, *15*, 276-289. https://doi.org/10.2132/personality.15.276

第5章
環境感受性と心身の健康

矢野康介（国立青少年教育振興機構）

1. はじめに

　健康心理学領域では、不安や抑うつをはじめとする精神的健康の低下、またそれに関連する腰痛や消化器系疾患などを含む身体的な症状、あるいは飲酒・喫煙、身体運動などの健康関連行動を予測し得るパーソナリティ要因の検討が盛んに行われてきた（e.g., Hakulinen *et al.*, 2015）。本書の序章でも述べられた通り、近年では本領域においても、環境感受性の気質・性格的側面である感覚処理感受性（以下、「感受性」と略記）への関心が高まっている。

　本章では、まず国外の健康心理学研究において、感受性がどのような位置づけで扱われてきたのかを概観する。そして、日本発の研究動向を紹介しつつ、国外研究との比較を通して、本邦における今後の感受性研究の展望について論じる。なお本章においては、以下の理由から、小学生から大学生までの若年層を対象とした研究をレビューすることとした。

1.1. 若年層における心身の健康に注目する意義

　これまでの調査研究より、わが国の児童および青年においては、精神的あるいは身体的な健康の課題が深刻化しつつあることが示されてきた。例えば、国立青少年教育振興機構（2021）が行った全国規模の調査によれば、70%以上の児童・青年がメンタルヘルスに関する諸症状（例えば、「いらいらしたり、むしゃくしゃしたりすること」「悩んだり、落ち込んだりすること」など）を経験していることが明らかにされている。また、大学生においても、何らかの不安を抱えながら生活を送っている人の割合は70%以上であることや（日本学生支援機構, 2022）、それ以上の年代の人々に比べて強い抑うつ症状を有していること（日本

財団いのち支える自殺対策プロジェクト, 2019) などが報告されている。

　近年は都市化や科学技術の急速な発展に加えて、新型コロナウイルス感染症の拡大に伴う行動制限措置など、児童・青年を取り巻く環境に大きな変化が生じている。実際、わが国では平均的にみて、青年の身体活動量や野外活動量が低下傾向にある（国立青少年教育振興機構, 2022）。一般に、身体活動量の増加は、免疫機能の向上、睡眠の質の改善、生活習慣病の発症リスクの低減など、身体的な健康の増進に寄与することが知られている。

　以上のような現状を踏まえると、現代社会に生きる児童・青年を対象に、精神的および身体的な健康の増進に向けた知見を積み重ねていくことは重要な課題であると言える。

2. 健康心理学研究における感受性概念の位置づけ
：国外研究のレビューから

　感覚処理感受性の概念が提唱されて以来（Aron & Aron, 1997）、児童あるいは青年を対象に心身の健康増進を目的とした実践的・基礎的な研究を概観すると、感受性概念の位置づけは大きく４つの枠組みに分類することができると考えられる。具体的には、①感受性と環境要因との交互作用が心身の健康指標に対してどのように関連するのかを検討した研究、②感受性と心身の健康指標との相関関係、あるいはそれらの指標に対する予測可能性の検討を主目的の１つとした研究、③感受性の高さが心身の健康指標と関連するという前提のもと、両者の関連を媒介もしくは調整する要因を探索した研究、④主に実験的または実践的なアプローチを用いて、（準）操作的な環境要因が健康指標に与える効果の個人差を感受性の程度に応じて検討した研究、の４つである。以降の各項では、それぞれの分類における、より具体的な研究内容を紹介する。

2.1. 健康指標に対する感受性と環境要因との交互作用効果を検討した研究
　感受性と環境要因の交互作用が心身の健康指標とどのように関連するのかを検証する試みは、感受性研究の初期段階より現在に至るまで継続的に行われている。特に、幼少期の養育環境、あるいは養育者との関係に注目し、それらと感受性の交互作用が、現在の健康指標とどのような関連を持つのか分析したものが数多く見受けられる。

アーロンら（Aron & Aron, 1997; 研究2）は、大学生329名を対象に、子ども時代の養育環境と感受性の交互作用が、当時の幸福度に対してどのような関連を有するのかを検討した。その結果、ネガティブな養育環境が幸福度の低さと関連していたが、感受性が高いグループにおいて、その関連はより強いことが示された。また、従属変数を現在のネガティブ感情に設定したアーロンら（Aron *et al.*, 2005; 研究1）でも、ほぼ同様の結果が得られた。

　リズら（Liss *et al.*, 2005）は、大学生230名を対象に、現在の不安や抑うつに対する、感受性と幼少期の養育環境の交互作用効果を検討した。養育環境の指標は、養育者からの共感など、温かみのあるかかわり方をされてきた程度に基づいて測定された。分析の結果、温かみのあるかかわり方が少ない場合、感受性の高さは抑うつのリスク要因になり得る一方で、温かみのあるかかわり方が多かった場合には、感受性が高い個人も低い個人も、抑うつ傾向は低水準に留まっていることが示唆された。

　大学生を含む185名の成人を対象としたブースら（Booth *et al.*, 2015）は、感受性と幼少期の主たる養育者との関係性の交互作用が、現在の生活満足度とどのように関連するかを分析した。その結果、養育者との良好な関係は生活満足度の高さに関連するものの、その関連の強さは、感受性尺度の合計得点、あるいはその構成因子である易興奮性の得点が高い個人においてより顕著であることが報告された。

　近年では、環境要因の指標として、学校での友人関係に注目した研究も見受けられる。フィッシャーら（Fischer *et al.*, 2022）は、177名の青年を対象に2年の間隔を置いた2時点の縦断的調査を行った（1時点目の平均年齢は13.34 ± 1.05歳）。分析の結果、感受性が高い青年では、1時点目のネガティブな友人関係が2時点目の問題行動を予測するのに対し、感受性が低い子どもにおいては、両者の間に統計的有意な関連は認められなかった。

　このように多くの研究では、目的変数に抑うつや不安、ネガティブ感情、問題行動などのネガティブな指標を設定しており、いずれも感受性のネガティブな側面を強調するような知見を報告しているのが特徴的である。

2.2. 感受性と健康指標との関連に注目した研究

　この枠組みに分類された研究は、特に感受性研究の初期段階において散見さ

れる。例えば、メイヤーら（Meyer *et al.*, 2005）は大学生を含む成人156名を対象とした調査から、感受性が、①批判に対する極度な拒絶的態度から、社会的交流の回避を主症状とする回避性パーソナリティ障害、および②見捨てられることへの恐れから、自己像や他者に対する見方が不安定になりやすい境界性パーソナリティ障害の傾向と有意な正の相関関係を有することを報告した。

　ベンハム（Benham, 2006）は、大学生383名を対象に質問紙調査を行った。分析の結果、日々の生活で受けているストレスの程度を統制したうえでも、感受性の高さが腰痛やのどの痛みといった身体症状を予測することを示唆した。

　さらに、初期の感受性研究より、不安や抑うつといった精神的健康やそれとかかわる感情、パーソナリティ要因との関連について、数多くの分析が行われてきた。それらの知見を対象にメタ分析を行ったリオネッティら（Lionetti *et al.*, 2019）は、成人において、感受性が神経症傾向や開放性の高さ、ネガティブ感情の強さと関連すること、子どもにおいて、神経症傾向の高さ、およびポジティブ感情、ネガティブ感情の強さと関連することを明らかにした（詳細は第4章を参照）。

　このように、感受性と心身の健康との関連については、ある程度頑健な知見が得られているのが現状である。

2.3. 感受性と健康指標の関連における媒介・調整要因を検討した研究

　この枠組みに含まれる研究の多くは、個人が有する心理社会的な変数に注目し、感受性と精神的健康との関連における媒介要因または調整要因を検討してきた。本項では、これらの研究のうち3件を紹介する。

　1つ目は、自己受容感およびマインドフルネス（「意図的に、その瞬間に、判断をせずに注意を向けること」を表す心理特性）に注目した、バッカーら（Bakker & Moulding, 2012）の研究である。彼らは、大学生を含む成人111名への調査から、高い感受性は不安の強さと関連を持つものの、自己受容感やマインドフルネスの得点が高ければ、両者の関連は弱くなることを報告した。

　2つ目は、大学生を含む成人157名を対象とした、ブリンドルら（Brindle *et al.*, 2015）の研究である。この研究では、感受性が高い個人は、感情調整に関するさまざまな困難に起因して、抑うつや不安、ストレスの悪化が導かれるという仮説モデルを検証した。媒介分析の結果、感受性の高さは、使用できる感情

制御方略の少なさや、感情を認識することの困難さを通じて、抑うつや不安の強さに関連することが示唆された。

3つ目は、これらの研究を基に、感受性の高さがネガティブな精神的健康に関連するメカニズムを考察した、ブラソム・ウィラーら（Bratholm Wyller *et al.*, 2017）による文献レビューである。彼らによれば、感受性が高い個人は、ストレッサーに対する非機能的な認知的反応（例えば、反芻など）を行う傾向にあり、その結果として深刻な心理的ストレス反応が引き起こされる可能性があるという。なおこの仮説は、3歳の幼児を対象としたリオネッティら（Lionetti *et al.*, 2022）によって部分的に支持されている。彼女らは、3歳の幼児196名を対象に12歳までの追跡調査を行い、感受性の高い子どもが、3歳の時点で明確なルールが欠如した環境で養育された場合、9歳時点でネガティブな出来事の反芻を行う頻度が高く、結果的に9歳時点および12歳時点での抑うつ傾向が高くなることを報告した。

上記の研究はいずれも直近の十数年間で行われたものであり、感受性研究の文脈では、比較的新しい。このように、感受性の高さは健康状態の低下に直接的な関連を持つというよりも、ネガティブな反芻などの非機能的な認知的反応スタイルや、ネガティブ感情の制御方略の少なさといった要因を介した間接的な関連であることが示唆されている。

2.4. 操作的環境要因からの被影響性の個人差を検討した研究

より近年の感受性研究を概観すると、実践的、実験的、もしくは準実験的なアプローチから、種々の環境要因から受ける影響について、感受性の個人差を踏まえた検討が行われるようになってきている。

実践的な研究の代表例として、以下の2件が挙げられる。1つ目は、レジリエンス、特に感情制御に関連する要因に焦点化した介入の効果検証を行った研究であり、感受性が高い女子では、介入終了後に抑うつ傾向が低減した一方で、感受性が低い女子では、統計的に有意な変化が認められなかった（Pluess & Boniwell, 2015）。2つ目は、学校でのいじめ防止を目的とした介入プログラムを実施した研究であり、感受性が高い男子では、介入終了後に、いじめ被害の意識、およびいじめの被害・加害の双方と関連する心理的な問題を抱えている程度が低減していた一方で、感受性が低い男子では統計的に有意な変化が確認さ

れなかった（Nocentini *et al.*, 2018）。

　実験的なアプローチでは、プルースら（Pluess *et al.*, 2023）の感情喚起実験が代表的である。この研究では、大学生 80 名に 3 分間の動画（米国の若者が路上生活者に食べ物を贈るという感動的な内容）を視聴してもらい、その前後でポジティブ感情の程度を測定した。分析の結果、感受性が高いグループでは、低いグループに比べて、ポジティブ感情の増分が大きいことが示された。また、大学生 89 名を対象に視覚探索課題を実施したジャーステンバーグ（Gerstenberg, 2012）は、感受性の構成因子の 1 つである低感覚閾（外的刺激を知覚する閾値の低さ）が、遂行時間の短さや正答率の高さを予測する一方で、課題前後での心理的ストレスの増加とも関連を持つことを示した。

　上記のプルースらの研究（Pluess *et al.*, 2023）では、準実験的アプローチとして、教員志望の大学生 110 名に教育実習（すなわち、ストレスフルな環境）の実施前から実施後にかけて、計 6 時点の縦断的調査を行った。分析の結果、まず教育実習前の測定では、感受性の程度に応じた well-being の差は認められなかった。その後、感受性が低い大学生は、教育実習終了後まで同程度の well-being を維持していた一方で、感受性が高い大学生は、実習期間中に well-being が低下し、実習終了後には開始前と同程度まで再び向上するという U 字曲線的な変化を示した。

　以上の知見は、環境感受性理論の観点に沿ったものであり、感受性が高い個人の健康増進に向けて、よりポジティブな環境を整えることの重要性が改めて確認された。その一方で、上記の実践研究では、感受性が低い個人に対する有意な効果（抑うつ傾向の低減、ポジティブ感情の向上など）は確認されない、もしくは確認されてもその効果量は極めて小さいことが示唆された。

3. 日本における感受性研究の動向と今後の展望：国外研究との比較から

　本節では、まず、心身の健康を扱った日本発の感受性研究を概観し、国外研究との比較を通じてその特徴を整理する。そのうえで、今後の感受性研究の展望について論じることとした。

　レビューの対象となる文献の選定にあたっては、①日本の児童または青年（大学生や大学院生を含む）を対象としていること、②抑うつや不安、ポジティ

表 5-1　心身の健康に注目した国内の感受性研究

著者（年）[a]	対象者	N	研究のタイプ[b]
髙橋（2016; 研究 2）	専門学生・大学生	369	2
雨宮ら（2017）	大学生	106	4
矢野ら（2017）	大学生	292	2
雨宮・坂入（2018）	大学生	23	4
Yano & Oishi（2018）	大学生	275	3
岐部・平野（2019）	中学生・高校生	942	2
髙橋・熊野（2019）	大学生	578	4
Yano et al.（2019）	大学生	430	3
Amemiya et al.（2020）	大学院生	20	4
Iimura & Kibe（2020; 研究 2）	中学 3 年生→高校 1 年生	412	4
岐部・平野（2020）	小学生	400	2
Kibe et al.（2020）	高校生	395	4
Takahashi et al.（2020）	大学生・成人	563	3
土居・齋藤（2021）	大学生	298	3
Iimura（2021）	大学生	114	1
Yano, Endo et al.（2021）	大学生	692	5
Yano, Kase et al.（2021）	大学生	868	5
Iimura（2022）	大学生	441	3
Iimura et al.（2022）	中学 1 年生→中学 3 年生	209	1
Iimura et al.（2023; 研究 4）	大学生	85	4
矢野（2023）	大学生	868	5
Yano & Oishi（2023）	大学生	720	2

a）1 件の論文の中に複数の研究が含まれる場合は、研究の番号を明示した。
b）研究のタイプは、1：健康指標に対する感受性と環境要因との交互作用効果を検討した研究、2：感受性と健康指標との関連の検討が主目的の 1 つに含まれる研究、3：感受性と健康指標の関連における媒介・調整要因を検討した研究、4：操作的な環境要因からの被影響性の個人差を検討した研究、5：感受性の個人差を踏まえて健康関連要因を検討した研究をそれぞれ意味する。

ブ／ネガティブ感情などの精神的な健康に関連する変数、または頭痛や腰痛などの身体的な健康に関連する変数、身体運動などの健康関連行動が測定されていること、③感受性の指標として、感覚処理感受性の測定尺度であるHSPS-J19、HSP-J10、HSCS-A、およびHSCS-Cのいずれかを使用していることの3点を基準とした。その結果、計22件の論文が対象となった（2023年5月時点；表5-1）。また、国外研究における4つの枠組みに加えて、「感受性の個人差を踏まえたうえで、精神的健康の関連要因を検討する」という第5の枠組みが抽出された。以下では、それぞれの枠組みに沿って、各研究の内容を簡潔に紹介する。

3.1. 健康指標に対する感受性と環境要因との交互作用効果を検討した研究

3.1.1. これまでの研究動向

　この枠組みに分類された研究は計2件である。まず、飯村（Iimura, 2021）の研究では、社会情緒的 well-being に対する感受性とライフイベントの交互作用効果を検討するため、週に一度、計4回の縦断的調査を実施した。調査対象者は各回の調査において、直近の1週間でもっとも印象的だったライフイベントを記述し、それらが自身に対して及ぼした影響を「-3（とてもネガティブ）」から「3（とてもポジティブ）」の7件法で評価した。各調査時点において分析を行ったところ、感受性が高い個人では、ライフイベントの影響が社会情緒的well-being と正の関連を示す一方で、感受性が低い個人では両者の関連は極めて弱かった。

　飯村ら（Iimura et al., 2022）は、抑うつ傾向に対する感受性と思春期発達（例えば、身長の伸び、体毛の濃化など）の速度との交互作用効果を検討するため、約2年間にわたり、計3回の縦断的調査を実施した。分析の結果、感受性が高い男子では、中学1年生から2年生にかけての発達度合いが大きかった個人ほど、抑うつ傾向が低下していた。その一方で、感受性が低い男子では、両者の間に有意な関連は認められなかった。この結果は、差次感受性理論を支持するものである。また、中学2年生から3年生にかけての男子、およびすべての時点における女子では、感受性と思春期発達の速度との有意な交互作用効果は示されなかった。その理由に関する推察として、これらの時期では、思春期発達の速度が緩やかであり、抑うつ傾向との関連が弱い点が挙げられている。

3.1.2. 国外の研究との比較と今後の展望

　国外研究の大半は、環境要因の指標に幼少期の家庭環境を用いており、その すべてが横断的調査から得られたデータを分析に用いていた。その一方で、上 記の2件は、前者が日常的なライフイベントの影響を、後者が思春期発達の速 度を環境要因の指標としており、多時点もしくは長期的な縦断的データを分析 している。これらの工夫により、1つひとつの研究における「質」が高い点は、 国内研究の特徴である。しかしながら、国外の研究は前節で紹介したものだけ でも5件であることを踏まえると、知見の「量」が不足している点は課題と言 えよう。

　そこで今後は、以下の2点に留意して研究を行っていくことが必要であると 考えられる。一点目は、国外の研究で蓄積されてきた知見について、日本人の データを用いて追試を行うことである。上記の通り、国外研究の大半は、環境 要因の指標に幼少期の養育環境を用いているが、養育行動に影響を与える親の 信念には文化差のあることが知られていることから（e.g., Hess *et al.*, 1980）、日 本においても国外と同様の知見が得られるかどうかの確認が必要であろう。

　二点目は、環境要因をより広く捉えた検討を行うことである。例えば、児 童・青年にとって重要な友人関係や恋愛関係などの対人的側面に注目し、ソー シャルサポートやストレッサーの程度とメンタルヘルスとの関係における感受 性の調整効果を分析することは、学校の教員やスクールカウンセラーらにとっ て重要な情報になり得るかもしれない。

3.2. 感受性と健康指標との関連を検討した研究

3.2.1. これまでの研究動向

　この枠組みに分類された研究は、計5件であった。そのうちの3件は、感受 性の測定尺度である HSPS-J19、HSCS-A、HSCS-C の心理測定的性質を確認す ることを目的に、健康指標との関連を検討した。まず、成人向けの感受性測定 尺度である HSPS-J19 を作成した髙橋（2016）は、神経症傾向に関連を持つ因 子と感受性との相関分析を行い、抑うつ性や劣等感の強さ、神経質との有意な 正の相関関係を報告した。青年期前期用や児童用の尺度を作成した岐部・平野 （2019, 2020）においても類似の傾向が示されており、感受性は負の情動性や神 経症傾向との間に正の相関関係を有するという（第2章も参照）。

さらに、矢野・大石の研究（Yano & Oishi, 2023）では、感受性とポジティブ感情／ネガティブ感情との関連を分析したところ、ネガティブ感情とは強い正の相関、ポジティブ感情とも弱いながらも正の相関を示すことが認められた。特に前者については、岐部・平野（2019）でも同様の結果が得られており、ある程度頑健な知見であると考えられる。

　矢野ら（2017）は、健康関連行動の１つである、身体運動習慣と感受性との関連を検討した。身体運動習慣の指標には、①１週間あたりの実施頻度、②習慣的な身体運動の継続年数の２つを用いた。分析の結果、感受性が高い個人は、身体運動を実施する頻度が低く、継続年数も短い傾向にあることが示唆された。

3.2.2. 国外の研究との比較と今後の展望

　上記の研究は、感受性と抑うつや神経症傾向、ポジティブ感情／ネガティブ感情との関連を検討したものが中心となっている。その他の精神病理の関連指標（*e.g.*, 境界性パーソナリティ障害傾向）や、身体的健康に関する指標との関連についての知見が蓄積されている国外研究の動向と比べると、直接的に心身の健康を捉える指標のバリエーションは少ないように見受けられる。その一方で、身体運動のような具体的な健康関連行動との関連は、国外の研究でも明らかにされておらず、日本の研究の特徴と言えるかもしれない。

　このように、本枠組みにおける日本の研究の大半は、国外の知見を確認する位置づけとしての相関関係の検証に留まっている。その一因として、二変量の相関関係からより発展した、媒介要因や調整要因を含めた分析を行う研究が増加している点が挙げられよう（詳細は次項にて記述）。ただし、この枠組みの研究ではシンプルな分析を用いることが多く、研究実施のハードルは高くないと考えられる。そのため、今後はより多角的に個人の健康を捉えることで、新規性の高い知見を提供し、今後の感受性研究の発展に寄与することが求められよう。具体的には、飯村・高杉（Iimura & Takasugi, 2022）が成人を対象に検討したような消化器系の諸症状などとの関連や、食事や睡眠といった健康関連行動との関連などが想定される。

3.3. 感受性と健康指標の関連における媒介・調整要因を検討した研究

3.3.1. これまでの研究動向

　この枠組みにおいても、計５件の研究が分類された。まず、矢野・大石

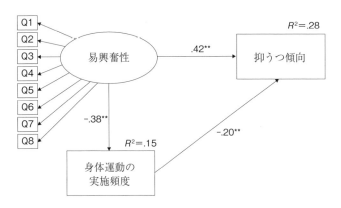

図5−1　易興奮性と身体運動の実施頻度および抑うつ傾向の関連
Yano & Oishi（2018, Figure 2）を基に著者が作成。引用元の論文では、低感覚閾およ
び美的感受性においても、同様に仮説モデルの検証を行っている。また、仮説モデルを
簡便に記載するため、誤差分散や共分散は図から省略した。
**p < .01

（Yano & Oishi, 2018）は、矢野ら（2017）の知見を踏まえて、「感受性の高さは、
身体運動の実施頻度の低さを介して、高い抑うつ傾向と関連する」という仮説
の構築と検証を行った。なお、この研究では、感受性の測定尺度として
HSPS-J19 を使用しているが、①易興奮性、②低感覚閾、③美的感受性という
3 つの下位因子ごとに分析に投入した。分析の結果、易興奮性と低感覚閾は、
身体運動の実施頻度と負の関連を示しつつ、抑うつ傾向と正の関連を持つこと
（易興奮性を例とした分析モデルを図5−1に示した）、すなわち、身体運動の実施頻
度は、感受性の構成因子と抑うつ傾向の関連における媒介要因としての役割を
有することが示唆された。その一方で、美的感受性と身体運動の実施頻度との
間には有意な関連は認められなかった。

　矢野ら（Yano *et al.*, 2019）の研究では、これまでの研究で報告されてきた感
受性と抑うつ傾向の関連を調整する要因として、首尾一貫感覚に注目した横断
的質問紙調査を行った。首尾一貫感覚とは、自分の生きている世界は首尾一貫
しているという人生観を指し、この感覚を強く持つ個人は、困難な出来事にも
意味を見出し、積極的な対処行動を取る傾向にあることが知られている
（Antonovsky, 1987 山崎・吉井監訳 2001）。分析の結果、首尾一貫感覚が弱い場合
には、感受性が抑うつ傾向と正の関連を示した一方で、首尾一貫感覚が強い場
合は、両者の間に有意な関連は認められなかった。すなわち、首尾一貫感覚は、

感受性と抑うつ傾向の関連に対する調整要因であることが示唆された。

　高橋ら（Takahashi *et al.*, 2020）は、前述したバッカーら（Bakker & Moulding, 2012）の知見を踏まえ、「感受性の構成因子である易興奮性および低感覚閾は、マインドフルネスの低さを介し、心身の健康状態の低さと関連する」という仮説の構築・検証を行った。分析の結果、易興奮性および低感覚閾は、マインドフルネス傾向の低さと関連しつつ、特性不安や心身の諸症状の深刻さと関連すること、すなわちマインドフルネスが媒介要因としての役割を有することが示唆された。

　土居・齋藤（2021）の研究では、自傷行為のリスク因子である推論の誤り（過度な一般化や二分法的思考を含む、非機能的な認知スタイル）に注目し、「感受性は、推論の誤りと関連しつつ、自傷行為の傾向とも関連する」という仮説の構築・検証を行った。分析の結果、上記の仮説が支持され、推論の誤りが両者の関連における媒介要因としての役割を有することが示唆された。特に、母親からの信頼を得られていないと感じている対象者ほど、感受性と推論の誤りとの関連が強いことが示されており、自傷行為がより悪化する可能性についても言及している。この結果について、土居・齋藤（2021）は、感受性が高い個人は他者の感情について敏感に反応する一方で（*e.g.*, Acevedo *et al.*, 2014）、幼少期から母親の不承認的な態度を継続的に感じることで、他者の感情を読み違えることが多くなり、結果的に推論の誤りが誘発されると考察している。

　飯村（Iimura, 2022）は、プルースら（Pluess & Boniwell, 2015）や岐部ら（Kibe *et al.*, 2020）の知見を踏まえて、「感受性はレジリエンスの低さと関連しつつ、新型コロナウイルス感染症に関係するストレス（以下、「COVID-19ストレス」と表記）とも関連する」という仮説モデルの構築・検証を行った。なお、調査は2020年10月に実施されており、各国と比べると日本における感染者数の状況は落ち着いていたものの、首都圏では一定の行動制限措置などがとられていた時期である。分析の結果、感受性はCOVID-19ストレスと正の関連を持つものの、レジリエンスは両者の媒介要因としての役割を有することが示唆された。すなわち、COVID-19拡大禍というストレスフルな状況においては、感受性が高い個人はストレスを抱えやすい一方で、高いレジリエンスを有していれば、そのリスクを低減できる可能性が指摘された。

3.3.2. 国外の研究との比較と今後の展望

　上記の研究で媒介要因や調整要因として検討されたものには、マインドフルネスや推論の誤りなどの国外の研究で報告されている要因に加えて、レジリエンスや首尾一貫感覚、身体運動など日本独自に検討された要因もあり、多岐に渡るのが特徴的である。2018年までの感受性研究を詳細にレビューしたグレヴェンら（Greven *et al.*, 2019）は、感受性が精神病理と関連を持つメカニズムについて明らかにしていくことの重要性を指摘しているが、この点において若年層を対象としたものに限れば、日本の研究は国外よりもやや先進的であるのかもしれない。対照的に、国外の研究と共通の特徴として、感受性とネガティブな健康指標（*e.g.*, 抑うつ、不安）との関連を前提としている点が挙げられる。

　以上の特徴を踏まえて、今後の研究に対する展望を二点述べる。一点目は、よりポジティブな状態を表す指標を含めたモデルの検討を行うことである。例えば、グレヴェンら（Greven *et al.*, 2019）が述べるような感覚処理感受性の中核的な特徴を踏まえると、感受性の高さは、ネガティブな感情だけでなく、ポジティブな感情とも関連を持つことが想定される。しかしながら、前項にて記述した通り、感受性とポジティブ感情との関連については、一貫した知見が得られていない。本枠組みのような第三の要因を含めた分析を行うことで、その原因に迫るための手がかりが得られる可能性がある。

　2つ目は、環境要因も考慮した分析モデルを検証することである。環境感受性理論の観点に立脚すると、感受性と健康指標との関連は、個々人が置かれている環境に応じて異なると考えられる。しかしながら、既存研究のほとんどはその影響を考慮しておらず、より精緻な知見を提供するためには、①環境要因を調整変数として位置づけた分析を行う（土居・齋藤, 2021）、または②調査設計の段階で、対象者が囲まれている環境をある程度統制する（Iimura, 2022）、などの工夫が必要であろう。

3.4. 操作的環境要因からの被影響性の個人差を検討した研究

3.4.1. これまでの研究動向

　この枠組みに分類された研究は、計7件であり、5つの枠組みの中で、論文数がもっとも多い。その内訳は、実践デザインの研究が4件、実験デザインが2件、準実験デザインが1件であり、特に実践的な研究は国外と比較しても多

く見受けられるのが特徴的である。このうち、抑うつ傾向や自尊感情に対する心理教育プログラムの効果や学校環境の変化から、感受性が高い子どもほどポジティブな影響を受けやすいことを報告した2件の研究（Iimura & Kibe, 2020; Kibe et al., 2020）については、それぞれ第2章および第3章にて詳細に記述されているため、本章では割愛する。

　実践的な研究のうち、日本の特徴と言えるのが、一過性の気分やメンタルヘルスに対する身体運動の効果検証を試みた、雨宮らの研究である（Amemiya et al., 2020; 雨宮・坂入, 2018）。雨宮・坂入（2018）は、23名の大学生を2グループに分け、10分間の大縄跳びにおける跳躍回数を競わせた。大縄跳びの前後で、対象者の気分状態（活性度、安定度の2因子に加えて、それらの合計得点などから算出される快適度と覚醒度を含めた計4因子）を測定した。分析の結果、感受性の構成因子である、低感覚閾の得点が高い（つまり、感覚閾値が低い）個人は、運動後に安定度（落ち着いた気分状態）が有意に低下し、快適度（快適な気分状態）に有意な変化は認められなかった。対照的に、感覚閾値が高い個人では、安定度に有意な変化が見られない一方で、快適度には大幅な向上が示された。このような運動による心理的効果の差異について、雨宮・坂入（2018）は運動強度の影響を指摘している。すなわち、さまざまな刺激を敏感に知覚する、感受性が高い個人にとって、集団のペースに合わせながらジャンプという高強度の動作を繰り返す運動は、快適な気分状態を導かないばかりか、逆に過度な心理的負荷を強いる可能性がある。この考察を踏まえて、雨宮ら（Amemiya et al., 2020）は、強度が比較的低く、個々のペースで実践できるヨガに注目した検討を行っている。この研究では、2時間のセッションを計12回実施し、その初回と最終回に対象者のネガティブな気分状態を測定した。分析の結果、感受性が高い個人では、ネガティブな気分状態の有意な低減が示された一方で、感受性が低い個人において同様の変化は観察されなかった。この点について、ヨガにはマインドフルネスの要素が含まれていることから、バッカーら（Bakker & Moulding, 2012）や高橋ら（Takahashi et al., 2020）の知見を支持する結果が得られたものと考えられる。以上2件の研究より、効果的に快適な気分状態を導くための身体運動の種目には、感受性の程度に応じた差異のあることが示唆されている。

　雨宮ら（2017）では、リラクセーション技法の1つである自律訓練法の実施前後において、気分状態（活性度、安定度、快適度、覚醒度の計4因子）の評価を

行った。分析の結果、安定度および快適度の有意な向上が確認されたものの、その増分は、感覚閾値の低い個人（つまり、感受性の高い個人）においてより顕著であることが示された。気分状態の調整に対するこのような個人差が観察された理由として、自律訓練法が、実践者の内面に対する積極的な変化を意図したものではなく、身体感覚や内的体験に注意を向けて受容するという点で、マインドフルネスと共通するためであると想定されている。

　実験的デザインを採用した2件の研究では、いずれも特定の感情を喚起するような手続きを用いている。高橋・熊野（2019）は、対象者の大学生に「レポートの締め切りが迫っているのになかなか手をつけられない」という場面をイメージしてもらい、その前後で不安および抑うつの測定を行った（上記の場面を経験したことのない者やあまり鮮明にイメージできなかった者は分析から除外）。分析の結果、前者に対しては易興奮性が、後者に対しては低感覚閾が、それぞれ有意な正の関連を示していた。

　ネガティブな感情の喚起を意図した高橋・熊野（2019）とは対照的に、飯村らの研究（Iimura et al., 2023）では、ポジティブな刺激に対する反応性の個人差が検討されている。具体的には、「米兵が戦地からの帰国後、そのことを知らされていない子どもと再会し、ハグをする」という内容の動画を視聴してもらい、その前後でポジティブ感情を測定した。分析の結果、感受性が高い個人はポジティブ感情が有意に向上していた一方で、感受性が低い個人では有意な変化が観察されなかった。

3.4.2. 国外の研究との比較と今後の展望

　国外で報告された2件の実践研究が、いずれも心理教育を基盤とした介入プログラムを展開していた点と比較すると、日本の研究は介入の種類が多岐に渡っているのが特徴的である。具体的には、岐部ら（Kibe et al., 2020）のような心理教育ベースの取り組みに加えて、大縄跳び運動のようなアクティブな活動や（雨宮・坂入, 2018）、比較的低い強度で個々のペースで実施可能なヨガ（Amemiya et al., 2020）、より時間的・空間的制約の多い場でも気分状態の調整を図ることのできる自律訓練法（雨宮ら, 2017）といった取り組みが効果検証の対象とされている。

　実験的および準実験的な研究に注目すると、感情喚起実験が行われている点や、学生にとって重大なイベント（教育実習、学校移行など）の前後でデータを

収集している点では、国内外の研究状況はほぼ同様と言えるかもしれない。また、これまでに公刊されている論文の数にも大きな違いは見受けられない。

　このような状況を踏まえたうえで、今後の展望として、以下の3点が挙げられる。第一に、実践研究において、介入プログラムの効果に個人差が生じるメカニズムを明らかにする試みである。この点については、介入終了後に対象者へのインタビュー調査や感想文の提出を依頼することで、一定の示唆を得られるかもしれない。これらの質的データでは、心理尺度を用いて収集された量的データでは捉えることのできない、対象者の内面的な変化に迫ることが可能であり、介入プログラムにおけるどの側面が、彼らの日常生活にどのような効果をもたらしているのかを明らかにする手がかりとなることが期待される。

　第二に、実験的なアプローチを用いる研究では、動画視聴や場面想起に加えて、認知課題なども含めた検討を行う必要があるだろう。例えば、前節で紹介したジャーステンバーグ（Gerstenberg, 2012）は認知課題の前後で心理的ストレスの変化を測定し、その増加は、感受性が高いほど顕著であったことを報告している。今後の研究では、異なる条件の課題を比較し、どの程度の認知的負荷で感情の変化が生じるのかを明らかにすることができれば、感受性が高い個人、低い個人の双方において自己理解を促進するための重要な知見になり得ることが期待される。

　第三に、準実験的なアプローチは、データの収集に一定の期間を要するうえ、対象者にとっては重大なイベントの前後を調査期間に充てることが多く、倫理的なハードルも決して低くはないと想定される。そのうえで、既存の研究ではまだ検討されていない、定期試験や入学試験などの学業場面に焦点を当てた研究を行うことができれば、教育現場に対して有益な示唆をもたらすことができるかもしれない。

3.5. 感受性の個人差を踏まえて健康関連要因を検討した研究
3.5.1. これまでの研究動向
　この枠組みに分類された研究は、計3件であり、いずれも著者らが行ってきたものである（矢野 , 2023; Yano, Endo *et al.*, 2021; Yano, Kase *et al.*, 2021）。これらの研究を行った背景には、前項にて記述したような、同一の介入プログラムから得られる効果に感受性の程度に応じた差異があることを示した先行研究の知

見が挙げられる。つまり、心身の健康増進を目指すうえでは、感受性の個人差に応じた心理的な特徴を明らかにし、それを踏まえたアプローチを行う必要があるのかもしれない。

　そこで最初に着手したのが、矢野ら（Yano, Kase *et al.*, 2021）の横断的調査デザインによる研究である。ここでは、「日常生活で生じるさまざまな問題や要求に対して、建設的かつ効果的に対処するために必要な能力」と定義されるライフスキル（World Health Organization, 1994 川畑ら訳 1997）の概念に注目した検討を行った。日本の青年・成人を対象としたライフスキルの測定尺度では、①計画性や情報要約などの効果的な問題解決を行うのに必要な「意思決定スキル」、②他者の気持ちを想像し、共感や配慮を表すのに必要な「対人関係スキル」、③自分の考えや気持ちを積極的かつ効果的に伝えるのに必要な「効果的コミュニケーションスキル」、④自分の感情をコントロールするのに必要な「情動対処スキル」の4つの構成因子が想定されている（嘉瀬ら, 2016）。この研究では、各スキルと感受性、およびそれらの交互作用項を説明変数、抑うつ傾向を目的変数とした、階層的重回帰分析を行った。その結果、感受性が高い個人は情動対処スキルが、感受性が低い個人は意思決定スキルが、さらに感受性の程度に係わらず、対人関係スキルが、それぞれ抑うつ傾向に有意な負の関連を示した。また、矢野（2023）では、上記の調査と同一の対象者に、3ヶ月の間隔を置いて2回目の調査を行った。2時点の縦断的データを用いて、潜在変化モデルに基づく分析を行ったところ、矢野ら（Yano, Kase *et al.*, 2021）が報告した知見のうち、情動対処スキルについては概ね再現された。

　さらに著者らの研究（Yano, Endo *et al.*, 2021）では、感受性とメンタルヘルスの測定尺度に加えて、自由記述項目を設置し、大学生がふだんよく用いているストレス対処の方略についてテキストデータを収集した。その後、矢野・大石（Yano & Oishi, 2023）および古川ら（Furukawa *et al.*, 2008）が提唱したカットオフ値を基準に、対象者を感受性低・中・高群のいずれかに割り当て、各群の中に精神的健康の良好／不良といった2つのサブグループを作成した。感受性の各群において、2つのサブグループを外部変数に指定したうえで、自由記述データに対して共起ネットワーク分析を実施したところ、図5-2に示すような結果が得られた。なお、紙幅の節約のため、ここでは感受性中群の結果は省略した。

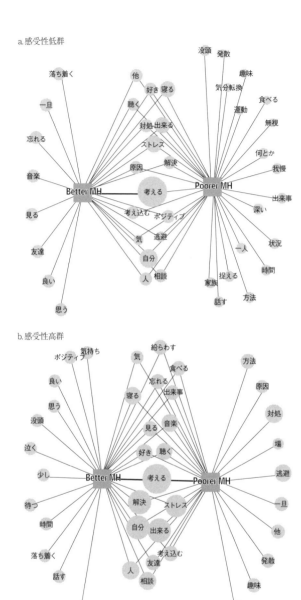

図 5-2　ストレス対処の特徴に関する共起ネットワーク分析の結果
Yano, Endo *et al.*（2021）より、感受性低群と高群の結果（それぞれ、Figure 1, 3）を抜粋したうえで著者が作成。抽出された語句は円で、外部変数は四角で表されている（Better MH＝メンタルヘルス良好群、Poorer MH＝メンタルヘルス不良群）。円の大きさは、データ中の出現頻度の高さを意味する。

共起ネットワーク分析では、自由記述データから語句単位に文章を切り分け、それぞれの外部変数において頻出した語をエッジ（線）で結んで図示することにより、自由記述データの特徴を可視化できる（樋口, 2020）。例えば、図5－2aで"Better MH"と書かれた四角と結ばれた語句は、感受性が低い群において、精神的健康が良好な人たちの自由記述データに頻出していたことを意味している。これらの結果を踏まえ、専門領域の異なる4名の研究者がローデータを参照しながら議論を行い、メンタルヘルスが良好な人たちが用いているストレス対処方略の特徴について解釈した。具体的には、図5－2aで左上に位置する［落ち着く］という単語は、ローデータにおいて「一旦落ち着く」という意味で使われていたため、ストレッサーと一時的に距離を取って気持ちを落ち着ける方略である【感情制御】と解釈された。同様の手順で、分析を進めたところ、感受性低群では、【感情制御】や【友人への道具的・情緒的なサポートの希求】が、感受性高群では、【感情制御】や【前向きな思考】、【感情表出】、【他者への情緒的なサポートの希求】が、それぞれ効果的な対処方略であることが示唆された。

　本項で紹介した知見を基に考察すると、感受性が高い個人では、①感情を制御するためのリラクセーションスキルを獲得すること、②ストレッサーの肯定的側面に気づくこと、③効果的に感情を表現すること、④良好な対人関係を構築し、必要なときに情緒的サポートを得られることが、感受性が低い個人では、①感情を制御するためのリラクセーションスキルを獲得すること、②良好な対人関係を構築し、必要なときに情緒的サポートを得られること、③友人からの助言を踏まえて状況を多角的に判断し、計画的な意思決定を行うことが、それぞれ良好なメンタルヘルスと関連を持つ可能性がある。

3.5.2. 今後の展望

　本枠組みは、国外の研究では見受けられないものであり、本章でレビューした他の枠組みと比較しても、著しく知見が乏しいのが現状である。そこで今後の展望として、まずは既存の研究結果の一般化可能性を検証しつつ、基礎的知見を蓄積していく必要があると考えられる。矢野（2023）は2時点の縦断的データを分析に用いているが、調査間のインターバルは3ヶ月と比較的短期であることに加え、対象者の追跡率が低く（26.8%）、知見の一般化には限界のあることが指摘できる。また、矢野ら（Yano, Endo *et al.*, 2021）では質的データを

用いて多角的な分析を行うことができたが、その位置づけは仮説生成的なものであり、量的アプローチによる検証を行う必要がある。このような既存研究の限界を踏まえると、今後は可能な限り長期的かつ多時点での縦断的量的調査を行い、健康指標の変動を予測する要因について精緻に検討することが求められる。

　臨床や教育といった健康支援の現場に対する示唆をもたらすためには、他の枠組みの研究で用いられてきたデザインとの組み合わせも有効かもしれない。例えば、感受性と外的な環境要因（e.g., 周囲の人間との関係性）に、内的な環境要因[1]（e.g., 個人の認知的特徴）も加えた三要因の交互作用効果を検討することで、心身の健康増進を目的とした介入プログラムを検討する際の資料となる可能性がある。また、調査時期を学校移行や就職活動に合わせるなどの準実験的なデザインにおいて、その時期に用いるストレス対処方略と健康指標との関連に対する感受性の調整効果を分析することも、現場への有益な情報になり得ると期待される。

　このように、今後の研究では、感受性の個人差を踏まえたうえで心身の健康に関連を持つ要因を明らかにしていくことで、児童・青年における精神的・身体的な健康の課題の解決に貢献していくことが求められる。

4. おわりに

　本章では、児童および青年の精神的・身体的健康に注目したうえで、国内外の研究動向についてレビューを行い、今後の研究における展望を論じた。

　本邦における感受性研究は、①健康指標に対する感受性と環境要因との交互作用効果を検討した研究、②感受性と健康指標との関連を検討した研究、③感受性と健康指標の関連における媒介・調整要因を検討した研究、④操作的環境要因からの被影響性の個人差を検討した研究、⑤感受性の個人差を踏まえて健康関連要因を検討した研究といった5つの枠組みに大別された。それぞれの枠

1　各国の感受性研究を系統的にレビューしたグレヴェンらの論文（Greven *et al.*, 2019）では、「環境」という単語が指す範囲を、①物質的なもの（physical environments；食べ物、カフェインなど）、②社会的なもの（social environments；子ども時代の経験、他者の感情など）、③感覚的なもの（sensory environments；音など五感で感じられるもの）、④内的なもの（internal events；身体感覚、思考、感情など）として想定している。

組みで国外の研究動向との比較を行ったところ、今後の研究では、国外の研究で報告された知見の追試や、分析に用いる変数の多様化、既存の研究デザインの拡張などが必要であると考えられる。

　近年、国外では感受性の個人差を考慮した研究を行うことで、種々の健康問題の解決に寄与することが盛んに指摘されるようになってきている（Assary *et al.*, 2023; Greven *et al.*, 2019）。本邦においても、上記の課題に取り組み、精神的・身体的な健康の課題が特に深刻化しつつある児童・青年がより良い生活を送るための示唆を提供することが期待される。

引用文献

Acevedo, B. P., Aron, E. N., Aron, A., Sangster, M. D., Collins, N., & Brown, L. L. (2014). The highly sensitive brain: An fMRI study of sensory processing sensitivity and response to others' emotions. *Brain and Behavior*, 4, 580–594.

Amemiya, R., Takahashi, G., Rakwal, R., Kahata, M., Isono, K., & Sakairi, Y. (2020). Effects of yoga in a physical education course on attention control and mental health among graduate students with high sensory processing sensitivity. *Cogent Psychology*, 7, 1778895.

雨宮 怜・町田 柚衣・吉田 昌宏・稲垣 和希・坂入 洋右（2017）．自律訓練法による心的敏感さの高い大学生への気分調整効果　自立訓練研究, *37*, 17–28.

雨宮 怜・坂入 洋右．（2018）．一過性の運動実践が敏感な個人の気分に与える影響についての試験的検証　パーソナリティ研究, *27*, 83–86.

Antonovsky, A. (1987). *Unraveling the mystery of health: How people manage stress and stay well*. Jossey-Bass.
（アントノフスキー, A.　山崎 喜比古・吉井 清子（監訳）（2001）．健康の謎を解く——ストレス対処と健康保持のメカニズム　有信堂）

Aron, E. N., & Aron, A. (1997). Sensory-processing sensitivity and its relation to introversion and emotionality. *Journal of Personality and Social Psychology*, 73, 345-368.

Aron, E. N., Aron, A., Davis, K. M. (2005). Adult shyness the interaction of temperamental sensitivity and an adverse childhood environment. *Personality & Social Psychology Bulletin*, 31, 181-197.

Assary, E., Krebs, G., & Eley, T. C. (2023). Practitioner review: Differential susceptibility theory: Might it help in understanding and treating mental health problems in youth? *Journal of Child Psychology and Psychiatry, and Allied Disciplines*. Advance online publication. https://doi.org/10.1111/jcpp.13801

Bakker, K., & Moulding, R. (2012). Sensory-processing sensitivity, dispositional mindfulness and negative psychological symptoms. *Personality and Individual Differences*, 53, 341-346.

Benham, G. (2006). The highly sensitive person: Stress and physical symptom reports. *Personality and Individual Differences, 40,* 1433-1440.

Booth, C., Standage, H., & Fox, E. (2015). Sensory-processing sensitivity moderates the association between childhood experiences and adult life satisfaction. *Personality and Individual Differences, 87,* 24-29.

Bratholm Wyller, H., Bratholm Wyller, V. B., Crane, C., & Gjelsvik, B. (2017). The relationship between sensory processing sensitivity and psychological distress: A model of underpinning mechanisms and an analysis of therapeutic possibilities. *Scandinavian Psychologist, 4,* e15.

Brindle, K., Moulding, R., Bakker, K., & Nedeljkovic, M. (2015). Is the relationship between sensory-processing sensitivity and negative affect mediated by emotional regulation? *Australian Journal of Psychology, 67,* 214-221.

土居 正人・齋藤 菜摘（2021）. HSP（Highly Sensitive Person）と親からの不承認環境要因が自傷傾向に及ぼす影響――推論の誤りによる媒介分析　自殺予防と危機介入, *41,* 18-24.

Fischer, K., Larsen, H., van den Akker, A., & Overbeek, G. (2022). The role of sensory processing sensitivity in the longitudinal associations between relationship qualities with parents and peers and externalizing behavior in adolescence. *Journal of Social and Personal Relationships, 39,* 2549-2571.

Furukawa, T., Kawakami, N., Saitoh, M., Ono, Y., Nakane, Y., Nakamura, Y., Tachimori, H., et al. (2008). The performance of the Japanese version of the K6 and K10 in the World Mental Health Survey Japan. *International Journal of Methods in Psychiatric Research, 17,* 152-158.

Gerstenberg, F. X. R. (2012). Sensory-processing sensitivity predicts performance on a visual search task followed by an increase in perceived stress. *Personality and Individual Differences, 53,* 496-500.

Greven, C. U., Lionetti, F., Booth, C., Aron, E. N., Fox, E., Schendan, H. E., Pluess, M., et al. (2019). Sensory Processing Sensitivity in the context of Environmental Sensitivity: A critical review and development of research agenda. *Neuroscience and Biobehavioral Reviews, 98,* 287-305.

Hakulinen, C., Elovainio, M., Pulkki-Råback, L., Virtanen, M., Kivimäki, M., & Jokela, M. (2015). Personality and depressive symptoms: Individual participant meta-analysis of 10 cohort studies. *Depression and Anxiety, 32,* 461-470.

Hess, R. D., Kashiwagi, K., Azuma, H., Price, G. G., & Dickson, W. P. (1980). Maternal expectations for mastery of developmental tasks in Japan and the United States. *International Journal of Psychology, 15,* 259-271.

樋口 耕一（2020）. 社会調査のための計量テキスト分析 第2版　ナカニシヤ出版

Iimura, S. (2021). Highly sensitive adolescents: The relationship between weekly life events and weekly socioemotional well-being. *British Journal of Psychology, 112,* 1103-1129.

Iimura, S. (2022). Sensory-processing sensitivity and COVID-19 stress in adolescents: The mediating role of resilience. *Personality and Individual Differences, 184,* 111183.

Iimura, S., Deno, M., Kibe, C., & Endo, T. (2022). Beyond the diathesis-stress paradigm: Effect of the environmental sensitivity × pubertal tempo interaction on depressive symptoms. *New Directions for Child and Adolescent Development, 2022*(185–186), 123-143.

Iimura, S., & Kibe, C. (2020). Highly sensitive adolescent benefits in positive school transitions: Evidence for Vantage Sensitivity in Japanese high-schoolers. *Developmental Psychology, 56*, 1565-1581.

Iimura, S., & Takasugi, S. (2022). Sensory processing sensitivity and gastrointestinal symptoms in Japanese adults. *International Journal of Environmental Research and Public Health, 19*, 9893.

Iimura, S., Yano, K., & Ishii, Y. (2023). Environmental sensitivity in adults: Psychometric properties of the Japanese version of the Highly Sensitive Person scale 10-item version. *Journal of Personality Assessment, 105*, 87-99.

嘉瀬 貴祥・飯村 周平・坂内 くらら・大石 和男（2016）．青年・成人用ライフスキル尺度（LSSAA）の作成　心理学研究, *87*, 546–555.

岐部 智恵子・平野 真理（2019）．日本語版青年前期用敏感性尺度（HSCS-A）の作成　パーソナリティ研究, *28*, 108–118.

岐部 智恵子・平野 真理（2020）．日本語版児童期用敏感性尺度（HSCS-C）の作成　パーソナリティ研究, *29*, 8-10.

Kibe, C., Suzuki, M., Hirano, M., & Boniwell, I. (2020). Sensory processing sensitivity and culturally modified resilience education: Differential susceptibility in Japanese adolescents. *PLoS One, 15*, e0239002.

国立青少年教育振興機構（2021）．青少年の体験活動等に関する意識調査（令和元年度調査）報告書

国立青少年教育振興機構（2022）．コロナ禍を経験した高校生の生活と意識に関する調査報告書――日本・米国・中国・韓国の比較

Lionetti, F., Pastore, M., Moscardino, U., Nocentini, A., Pluess, K., & Pluess, M. (2019). Sensory processing sensitivity and its association with personality traits and affect: A meta-analysis. *Journal of Research in Personality, 81*, 138-152.

Lionetti, F., Klein, D. N., Pastore, M., Aron, E. N., Aron, A., & Pluess, M. (2022). The role of environmental sensitivity in the development of rumination and depressive symptoms in childhood: A longitudinal study. *European Child & Adolescent Psychiatry, 31*, 1815-1825.

Liss, M., Timmel, L., Baxley, K., & Killingsworth, P. (2005). Sensory processing sensitivity and its relation to parental bonding, anxiety, and depression. *Personality and Individual Differences, 39*, 1429-1439.

Meyer, B., Ajchenbrenner, M., & Bowles, D. P. (2005). Sensory sensitivity, attachment experiences, and rejection responses among adults with borderline and avoidant features. *Journal of Personality Disorders, 19*, 641-658.

日本学生支援機構（2022）．令和2年度 学生生活調査結果

日本財団いのち支える自殺対策プロジェクト（2019）．日本財団第3回自殺意識調査報告書

Nocentini, A., Menesini, E., & Pluess, M. (2018). The personality trait of Environmental Sensitivity predicts children's positive response to school-based antibullying intervention. *Clinical Psychology Sciences, 6*, 848-859.

Pluess, M., & Boniwell, I. (2015). Sensory-processing sensitivity predicts treatment response to a school-based depression prevention program: Evidence of Vantage Sensitivity. *Personality and Individual Differences*, 82, 40-45.

Pluess, M., Lionetti, F., Aron, E. N., & Aron, A. (2023). People differ in their sensitivity to the environment: An integrated theory, measurement and empirical evidence. *Journal of Research in Personality*, 104, 104377.

髙橋 亜希（2016）. Highly Sensitive Person Scale 日本版（HSPS-J19）の作成　感情心理学研究, *23*, 68-77.

Takahashi, T., Kawashima, I., Nitta, Y., & Kumano, H. (2020). Dispositional mindfulness mediates the relationship between sensory-processing sensitivity and trait anxiety, well-being, and psychosomatic symptoms. *Psychological Reports*, 123, 1083-1098.

高橋 徹・熊野 宏昭（2019）. 日本在住の青年における感覚処理感受性と心身の不適応の関連──重回帰分析による感覚処理感受性の下位因子ごとの検討　人間科学研究（早稲田大学人間科学部紀要）, 32, 235-243.

World Health Organization (1994). Life skills education for children and adolescents in schools. World Health Organization. Retrieved June 7, 2023, from https://apps.who.int/iris/handle/10665/63552
（川畑 徹朗・高石 昌弘・西岡伸紀・石川 哲也・JKYB 研究会（訳）（1997）. WHO・ライフスキル教育プログラム　大修館書店）

矢野 康介（2023）. 大学生におけるライフスキルとメンタルヘルスの関連──感覚処理感受性の個人差を踏まえた縦断的検討　青少年教育研究センター紀要, *12*, 90-104.

Yano, K., Endo, S., Kimura, S., & Oishi, K. (2021). Effective coping strategies employed by university students in three sensitivity groups: A quantitative text analysis. *Cogent Psychology*, 8, 1988193.

矢野 康介・木村 駿介・大石 和男（2017）. 大学生における身体運動習慣と感覚処理感受性の関連　体育学研究, *62*, 587–598.

Yano, K., Kase, T., & Oishi, K. (2019). The effects of sensory-processing sensitivity and sense of coherence on depressive symptoms in university students. *Health Psychology Open*, 6, 1-5.

Yano, K., Kase, T., & Oishi, K. (2021). Sensory processing sensitivity moderates the relationships between life skills and depressive tendencies in university students. *Japanese Psychological Research*, 63, 152-163.

Yano, K., & Oishi, K. (2018). The relationships among daily exercise, sensory-processing sensitivity, and depressive tendency in Japanese university students. *Personality and Individual Differences*, 127, 49-53.

Yano, K., & Oishi, K. (2023). Replication of the three sensitivity groups and investigation of their characteristics in Japanese samples. *Current Psychology*, 42, 1371-1380.

第6章

感覚処理感受性と年齢

上野雄己（東京大学）

1. はじめに

　日本には、「3つ子の魂百まで」ということわざがある。広辞苑（新村, 2018 p.2818）によれば、このことわざは、「幼い時の性質は老年まで変わらない」というたとえであり、3歳ごろの性格や気質は100歳になっても変わらないことを指している。しかし、ヒトの性格や気質は本当に「変わらない」といえるのだろうか。

　ヒトは生まれてから成人になるまで、多かれ少なかれ、さまざまな経験をする。それは幼少期や思春期、青年期だけでなく、成人期以降も、人間の生涯を通してである。また年齢とともに身体機能は変化し、心身ともに経験する内容はさまざまである。そうした経験が個々人の性格や気質に影響することは少なからずあると思われる。

　では、環境刺激に対する処理や登録の個人差を示す感覚処理感受性[1]も生涯を通して変化がないといえるのだろうか。それとも他の心理学的な個人差特性や感覚機能の変化と同様の変化が感覚処理感受性にも見られるのか。本章では感覚処理感受性を取り巻く、パーソナリティや感覚機能の変化も踏まえながら、成人期以降を中心に、感覚処理感受性の年齢変化についてみていきたい（図6-1）。

---

[1]　本章では、パーソナリティ特性としての環境感受性を「感覚処理感受性」という言葉で説明する（詳細は序章参照）。感覚処理感受性が高い人は、①情報処理が深い、②刺激に圧倒されやすい、③情動的反応・共感性が高まりやすい、④些細な刺激に気づきやすいとされる（Greven *et al.*, 2019）。

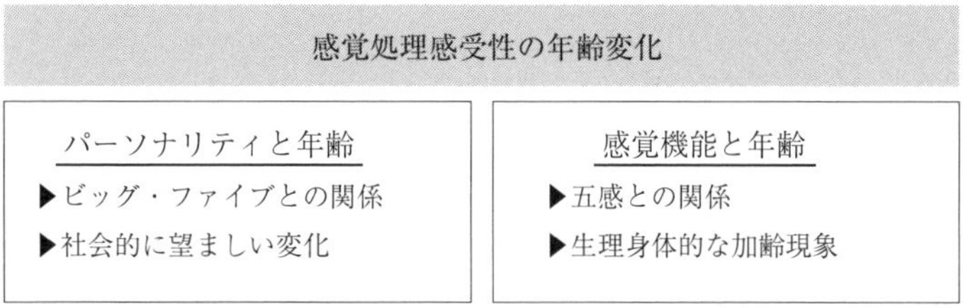

図6-1　本章における感覚処理感受性の年齢変化を理解するための枠組み

本章ではパーソナリティと感覚機能の2視点から感覚処理感受性の年齢変化をみていくが、他にも関係する要因はさまざまあることには留意したい。

2. パーソナリティの変化

はじめに、本節では、心理学的な個人差を対象に研究する分野であるパーソナリティ心理学から、パーソナリティの概念や理論を説明し（詳細は第4章も参照）、パーソナリティは年齢とともに変化するのかみていきたい。

2.1. パーソナリティとの関係

2.1.1. パーソナリティとは

日常的に使われる「性格」という言葉は、パーソナリティ心理学の中では、personalityをカタカナ表記したパーソナリティと表現される。また感覚処理感受性の説明で用いられる「気質」は遺伝的、生物学的な個人差を指す。ヒトのパーソナリティはさまざまな特性から構成され、これまでに心理学的な個人差特性を測るものさし（尺度）が多く作成されている。

なお、パーソナリティの定義は研究者の数ほどあるといわれている（小塩, 2010）。本章では、パーソナリティを渡邊（2010 p.23）が示した「人がそれぞれ独自で、かつ時間的・状況的にある程度一貫した行動パターンを示すという現象、およびそこで示されている行動パターンを指し示し、表現するために用いられる概念の総称」と定義し説明する。

2.1.2. 世界共通のパーソナリティ用語

ヒトのパーソナリティを理解する代表的な概念として、Big Five（ビッグ・ファイブ）がある（Goldberg, 1990）。このBig Fiveは語彙仮説と統計処理によって導かれたものであり、世界共通のパーソナリティ概念とされる。具体的には、

表 6 - 1　Big Five の内容

英語名	日本語名	側面	特徴
Neuroticism	神経症傾向 情緒不安定性	心配性 敵意・怒り 抑うつ 自意識 衝動性 傷つきやすさ	[神経症傾向が高い人] 不安が強い。すぐにイライラする。動揺しやすい。心配しがち。感情の変化が大きい。 [神経症傾向が低い人] 落ち着いている。リラックスする傾向。ストレスにうまく対応する。穏やかな気分。
Extraversion	外向性	友好性 群居性 自己主張性 活動性 刺激希求性 よい感情	[外向性が高い人] よくしゃべる。精力的。情熱的。自己主張が強い。人と付き合うのが好き。社交的。 [外向性が低い人] よそよそしい。無口。引っ込み思案。
Openness	開放性	空想 芸術への関心 内的感情 冒険心 知的好奇心 進取的価値観	[開放性が高い人] 創造的。想像力豊か。抽象的な思考をする。好奇心が強い。芸術や美術に理解がある。 [開放性が低い人] 型にはまりがち。具体的な思考。伝統を重んじる。未知のことへの興味が低い。
Agreeableness	協調性 調和性	信じやすい 素直・実直 利他性 従順さ 謙虚さ 同情・共感	[協調性が高い人] やさしい。寛大。面倒見がいい。思いやりがある。人を信じやすい。人の気持ちを察する。 [協調性が低い人] けんか腰。他者を批判しがち。冷淡。ぶっきらぼう。人のあら探しをする。とげとげしい。
Conscientiousness	勤勉性 誠実性	効力感 秩序の重視 責任感 達成追求 自己統制 用心深さ	[勤勉性が高い人] 頼りがいがある。勤勉で仕事に集中する。計画性がある。隙がない。効率性を重視。 [勤勉性が低い人] だらしない。遅刻しがち。不注意。衝動的。

小塩（2014）をもとに著者作成。

　神経症傾向、外向性、開放性、協調性、勤勉性の 5 つの次元[2]から構成され（表6-1)、それらの頭文字をとって OCEAN（オーシャン）モデルとも呼ばれている。

　Big Five に代表されるように、人のパーソナリティを 5 つの次元から捉えたモデルとして、5 因子モデル（five factor model）が挙げられる（Costa & McCrae, 1992)。5 因子モデルはファセット（下位概念）レベルまで示した階層因子モデルを強調している。研究過程は異なるが、ヒトのパーソナリティを 5 つ

2　辞書より人間を形容可能な表現を抜き出し、因子分析という統計解析を行ったところ、5因子に集約された(Goldberg, 1990)。パーソナリティ概念が導出された背景については第 4 章も参照してほしい。

の特性から考える点では共通した理論である。

2.1.3. 感覚処理感受性とパーソナリティ

Big Five はヒトのパーソナリティを測定するだけでなく、心理学的な個人差特性の中核概念として、さまざまな心理的特性の位置づけを把握するために用いられる。図6-2は Big Five を2次元にまとめ、他の心理的特性との相関係数に基づき配置したものである。このように Big Five をパーソナリティ特性間の関連を理解するための羅針盤として利用することができる。

実際に、Big Five と感覚処理感受性の関係も検討され、8論文 6,790 名を対象に統合研究（メタ分析）が行われている（Lionetti *et al.*, 2019）。子ども（16 歳まで）では神経症傾向（*r* = .42）と正の相関、成人では開放性と正の相関（*r* = .14）、神経症傾向（*r* = .40）と正の相関が確認されている（詳細は第4章も参照の

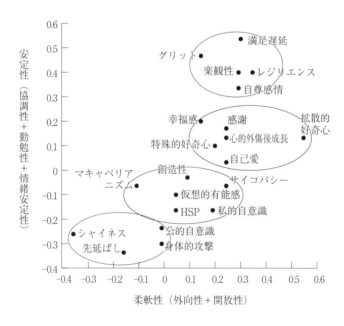

図6-2　Big Five と心理学的な個人差特性

Big Five の上位因子として、やる気や良い感情、社会的相互作用を示す安定性（情緒安定性（神経症傾向を逆転）、協調性、勤勉性）と新しくやりがいのある経験を積極的に求めることを示す柔軟性（外向性、開放性）の2つの因子がある（DeYoung *et al.*, 2002）。図6-2は安定性と柔軟性の値に基づいてクラスタ分析（得点からグループを推定する統計手法）を行った結果であり（薄い丸）、近しい心理的特性がグループ化されている。図は小塩（2018）より引用。

こと）³。

一方で、感覚処理感受性の下位次元でみれば、成人では、刺激に対する感受性の高さを示す低感覚閾と、刺激に対する圧倒されやすさを示す易興奮性は神経症傾向と正の相関があり（それぞれ順に $r = .44$, $r = .27$）、美的な刺激に対する影響の受けやすさを示す美的感受性と開放性は正の相関がある（$r = .36$）ことが報告されている（Lionetti *et al.*, 2019）。

なお、日本人（18 ～ 69 歳 1,626 名）を対象とした研究（Yano *et al.*, 2021）からは、感覚処理感受性と神経症傾向が正の相関（$r = .60$）、外向性（$r = -.25$）、協調性（$r = -.19$）、勤勉性（$r = -.24$）とは負の相関が示されている。また低感覚閾、易興奮性と神経症傾向は正の相関（それぞれ順に $r = .54$, $r = .69$）、美的感受性と開放性は正の相関であった（$r = .51$）。

Big Five を通して感覚処理感受性をみれば、感覚処理感受性が高い人ほど、神経症傾向が高く、また成人では感覚処理感受性（特に美的感受性）が高い人ほど、開放性が高いことが考えられる。このことから、Big Five の神経症傾向や開放性と同様な年齢変化が、感覚処理感受性にも見られる可能性がある。

2.2. パーソナリティと年齢

そもそも、パーソナリティが安定あるいは変化するというのは、どこに注目しているのだろうか。パーソナリティの発達に注目した研究は、集団の平均値が時間を超えても安定するのか、それとも変化するのかという視点で検討されることが多い（小塩 , 2020）。では、Big Five は年齢とともに、どのような変化が見られるのだろうか。

パーソナリティ心理学の研究領域では、こうした年齢変化を明らかにするために、主に 2 つの研究方法が用いられてきた。1 つは複数の年代に調査し、年齢間のパーソナリティ得点の違いをみる横断調査、もう 1 つは、ある集団を追跡して、個々人のパーソナリティ得点の変化をみる縦断調査である。以下ではそれぞれの研究結果を紹介したい。

3　ギグナクら（Gignac & Szodorai, 2016）は、708 のパーソナリティ研究をもとに、個人差研究における効果量の基準を報告し、$r = .10$ を小さな効果、$r = .20$ が典型的な効果、$r = .30$ を超えると比較的大きな効果だとされている。

2.2.1. 横断調査を用いたパーソナリティの年齢変化

　横断調査による研究方法として、大規模横断調査のデータセットを用いたものがある。幅広い年齢層の年齢のデータと心理的特性の相関関係を示し、年齢間の違いを記述する方法である。例えば、ソトら（Soto et al., 2011）は英語圏の10歳から65歳1,267,218名を対象に、Big Five の横断的な年齢変化を明らかにしている（図6-3）。

　この研究からは、児童期から思春期ではどの次元も大きく揺れ動く特徴が確認されている。成人期以降は、年齢とともに神経症傾向が低くなり、協調性、勤勉性が高くなる傾向があることが示されている。外向性は年齢で大きく変化せず、開放性は安定しながら中年期以降でやや上昇傾向が見られている。

　一方で他の研究では年齢とともに低下傾向を示す開放性であるが（例えば、Srivastava et al., 2003）、ドイツ語圏（16～60歳19,022名）の研究では、開放性は

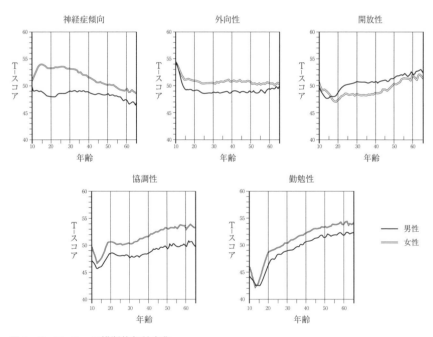

図6-3　Big Five の横断的年齢変化
Big Five の得点は5つの特性（ドメイン）のさらに下位概念（ファセット）の合計得点となる。T-スコアは偏差値を指す。男女で示す年齢ごとの平均得点が異なり、男性は線、女性は二重線を指す。図は Soto et al.（2010）より引用（著者訳）。

年齢とともに中年期ごろまで上昇し、その後安定、やや低下する傾向が示されている（Lehmann *et al.*, 2013）。研究間で安定を示す結果もあればそうでない結果もあるため、解釈には十分留意する必要がある。

2.2.2. 縦断調査を用いたパーソナリティの年齢変化

しかし横断的な研究はあくまでも年齢間の違いを記述しているにすぎず、実際の個人内変動をみるためには、縦断的なデザインによる検討が望まれる。例えば、テラシアーノら（Terracianno *et al.*, 2005）は20歳から90歳1,944名を対象にした15年間の縦断調査より、図6-4の結果を示している。

具体的な結果として、神経症傾向は80歳ごろまで低下し、それ以降安定、やや上昇傾向を示す。外向性は成人期には安定し、老年期以降で低下する。開放性は年齢とともに低下し、協調性は上昇していく。勤勉性は老年期前半まで上昇し、その後やや低下傾向が見られる。一部ソトら（Soto *et al.*, 2011）の横断調査の研究結果と異なる、パーソナリティの年齢変化が報告されている。

なお、必ずしもこれらの研究で示されるような年齢変化が見られるとは限らない。そもそも平均水準でみた年齢効果は高い安定性を示している研究も多い（例えば、Wright & Jackson, 2023）。分析対象となる標本が異なれば、安定する結果もあれば、それが再現されない結果もあることには留意したい[4]。

2.3. 変化が意味するもの

これらの横断調査や縦断調査の研究から得られる知見を踏まえると、なぜパーソナリティ特性には変化が見られるのだろうか。その理由の1つとして、カスピら（Caspi *et al.*, 2005）が提唱した「成熟の原則（mutuality principle）」が挙げられる。この理論によれば、パーソナリティは社会で望ましい方向に発達していくとされている。

一部の仮説（西村, 2018）によれば、神経症傾向の低下は、人生経験を重ねるうちにストレスに強い人々が生き残ることによるものだとされ、外向性や開放性の低下は、年齢とともに内面的な豊かさを重視する傾向を表している。また協調性の増加は、適応的な人間関係を重視するようになるためであり、勤勉性

4　16の大規模縦断調査のデータセット（約6万人以上）を用いた統合研究（メタ分析）によれば、調査間で経時的な変化にばらつきがあることが報告されている（Graham *et al.*, 2020）。なお、気質においても横断的な年齢差が示されている（Trouillet & Gana, 2008）。

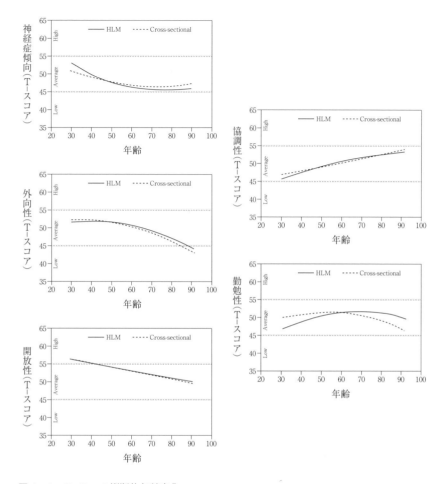

図 6 - 4　Big Five の縦断的年齢変化

ボルチモアおよびワシントン D.C. 地域在住の 20 歳以上男女を対象にした研究である Baltimore Longitudinal Study of Aging のデータを使用している。Big Five の得点は 5 つの特性（ドメイン）の さらに下位概念（ファセット）の合計得点となる。HLM（hierarchical linear modeling）は階層線形 モデルによる時系列情報も入れた分析の結果、Cross-sectional は横断的な分析の結果、T- スコアは偏 差値を指す。図は Terracciano *et al.*（2005）より引用（著者訳）。

の変化は、自分の考えを自由に表現できるようになるためだとされる。

　感覚処理感受性の変化をパーソナリティの観点から考えると、神経症傾向と感覚処理感受性の関連が強いため、年齢とともに得点が低下する傾向が見られるかもしれない。一方で、開放性と関連が強い美的感受性は、一部の研究知見を踏まえれば（Lehmann *et al.*, 2013）、精神生活の豊かさを示す社会的に望ましい側面も含むため、年齢とともに得点が上昇していく可能性も考えられる。

3. 感覚機能の変化

　次に、本節では、感覚処理感受性に関連する感覚機能（視覚・聴覚・味覚・嗅覚・触覚）の年齢変化の側面についてみていきたい。

3.1. 感覚機能との関係

　感覚処理感受性を測定する項目には、環境刺激に対する感覚機能の処理や感受性に関する内容が含まれている。例えば、「明るい光や強いにおい，ごわごわした布地，近くのサイレンの音などにゾッとしやすいですか」「強い刺激に圧倒されやすいですか」「微細で繊細な香り・味・音・芸術作品などを好みますか」などが挙げられる（髙橋, 2016 p.72）。

　感覚処理感受性は、脳内で感覚情報を処理する過程における生得的な個人差を示し、中枢神経系[5]の影響が大きいとされる（Greven *et al.*, 2019; Homberg *et al.*, 2016）。感覚処理感受性が高い人は、環境からの光や音、味、香りなどの刺激に過剰に反応し、感覚の閾値が低いとされる（Aron & Aron, 1997）。

　例えば、感覚処理感受性が高い人は、視覚探索課題における反応時間が短く、エラーも少なくなることが報告されている（Gerstenberg, 2012）。また写真の小さな変化に対して視覚野が反応することが明らかとなっている（Jagiellowicz *et al.*, 2011）。そして感覚処理感受性が高い人ほど、表情に対する島皮質の反応が大きいとされる（Acevedo *et al.*, 2014）。

　さらに、感覚処理感受性は身体への気づきに関連している内受容感覚と機能的には独立しているが、一部で関連があるとされる（上田他, 2023）。内受容感

5　中枢神経とは、脳と脊髄を指し、全身から集まる情報を処理、指令する神経である。

覚には呼吸や心拍、体温などの身体生理状態にかかわる感覚や内臓感覚が含まれているが、感覚処理感受性が消化器症状に関連している研究も報告されている（Iimura & Takasugi, 2022）。

　感覚処理感受性は心理尺度で測られるが、一方で感覚機能は生理指標から捉えられる。この感覚とは、「外来刺激をそれぞれに対応する受容器によって受けた時通常経験する心的現象」（田中, 2004 p.491）を指す。また感覚には、体性感覚と特殊感覚の2つがあり、後者は五感とも呼ばれ、視覚、聴覚、味覚、嗅覚、触覚が挙げられる。

　感覚処理感受性が高い人たちは、視覚、聴覚、味覚、嗅覚、触覚を通して得られる情報を深く処理し、環境の小さな変化に気づく一方で、刺激に圧倒されやすい傾向があるとされる（Amaro *et al.*, 2022; Aron & Aron, 1997; Aron *et al.*, 2012）。すなわち、感覚機能は感覚処理感受性の中核的要素であり、感覚機能の年齢変化は感覚処理感受性の年齢変化と類似した変化を示す可能性が考えられる。

3.2. 感覚機能と年齢

　では、こうした感覚機能は年齢を重ねるごとにどのような変化が見られるのだろうか。一般的に、視覚、聴覚、味覚、嗅覚、触覚、すべての五感ともに加齢に伴い変化することが知られているが、実際に老化に伴いすべての感覚機能に年齢による違いが報告されている（図6-5）。以下、各機能の具体的な変化についてみていく。

3.2.1. 視覚機能の変化

　視覚機能における年齢変化として、近くのものが見えにくくなる状態である老人性遠視があり（肥塚, 2012）、動体視力の低下、色視力、コントラスト視力、夜間視力の低下が報告されている（入谷他, 2013）。また瞳孔が縮小し（老人性縮瞳）、眼の組織や網膜の変化によって、年をとるにつれて遠方視力が低下していく（Hirsch, 1959; 西村, 2018; 図4のA）。

3.2.2. 聴覚機能の変化

　聴覚機能における年齢変化は老聴と呼ばれ、音を感知する能力や解釈する能力に及ぶことが知られている。40歳を過ぎると、高音域から聴力機能の低下が現れ始める（西村, 2018; 田口・新岡, 2021）。そして、年齢を重ねるにつれて、

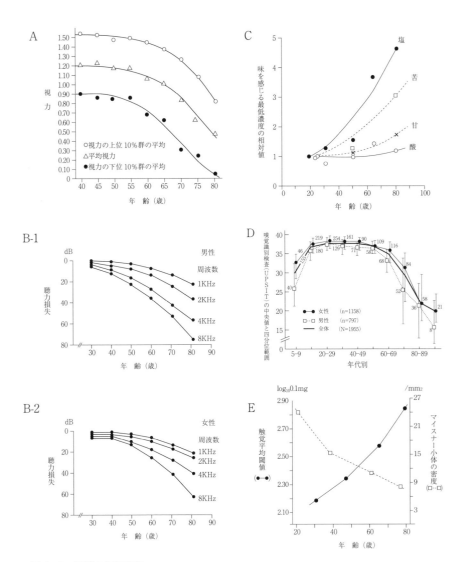

図 6−5　五感の年齢変化

視覚（A; Hirsch, 1959）、聴覚（B-1, B-2; Ordy *et al.*, 1979）、味覚（C; Cooper *et al.*, 1959）、触覚（E; Thornbury & Mistretta, 1981）は西村（2018）、嗅覚（D; 著者訳）は Doty *et al.*（1984）より図を引用。

高音域の聴力機能の低下が顕著に表れ、低音域の聴力機能の低下も進むとされる（Ordy *et al.*, 1979; 西村 , 2018; 図 4 の B-1, B-2）。

3.2.3. 味覚機能の変化

味覚機能として、酸味、塩味、甘味、苦味、旨味の 5 つの基本味があり（田口・新岡 , 2021）、味細胞の集まりである味蕾によって感知される。加齢とともに、舌にある味蕾の数が減少することや、味覚に関する神経の機能低下が起こる（入谷他 , 2013）。その結果、味覚閾値が上昇し、感受性が低下する傾向が見られるとされる（Cooper *et al.*, 1959; 西村 , 2018; 図 4 の C）。

3.2.4. 嗅覚の変化

嗅覚は加齢により鼻粘膜にある嗅細胞が減少することや、嗅覚にかかわる神経の機能低下により嗅覚が衰えていく（入谷他 , 2013）。老化に伴い、嗅覚の閾値が上昇し、香りに対する感受性が低下することが報告され（Doty *et al.*, 1984; 西村 , 2018; 図 4 の D）、高齢になるにつれ、臭いの識別・同定能力も低下するとされる（大山他 , 1995）。

3.2.5. 触覚の変化

加齢に伴う触覚の感受性低下は、皮膚の弾力性低下や触覚の感受に重要なマイスナー小体の加齢による減少が原因とされる（Thornbury & Mistretta, 1981; 西村 , 2018; 図 4 の E）。また、年齢とともに感覚閾値が上昇し、痛覚や温覚が鈍くなること、感覚受容体の萎縮によって触覚の感受性が低下していくことが報告されている（山野井 , 1998; 北川 , 2004）。

3.3. 変化が意味するもの

感覚機能は、ヒトにとって情報処理の根幹をなす重要な働きがある。ヒトが環境にうまく適応するためには、まず環境の状況を知る必要がある。そうした環境からの情報を、感覚器を通じて感知し、解釈し、反応することが感覚機能の役割である（北川 , 2004; 西村 , 2018）。この機能は、生涯を通じて人間が生きていく上で必要不可欠なものである。

つまり、感覚処理感受性に関連する感覚機能の働きは、ヒトが環境の状況を知る上で重要な役割を担うともいえる。しかし、感覚処理感受性が高い人たちは、内的・外的からの刺激の閾値が低く、加えて過剰な反応を示すことによって、良くも悪くも心身に影響していることが考えられる（Acevedo *et al.*, 2014;

Gerstenberg, 2012; Jagiellowicz *et al.*, 2011）。

　一方で、先述したように、感覚機能は加齢に伴い、さまざまな機能が低下していくことが明らかとなっている（図6-5）。パーソナリティは社会的に望ましい方向に発達し（Caspi *et al.*, 2005）、感覚機能の変化はパーソナリティの変化とは対照的な関係であるといえる。感覚機能は老化とともに鈍化していき、自然の摂理に基づけば、避けては通れない発達である。

　加齢に伴い感覚機能が低下していことは多くの研究で示されているが、感覚機能の低下にはさまざまな問題がある。すべての感覚機能は、自分自身を危険から守るために働くものであるが、それが正常に機能しないことで問題が起きることもある。またこうした感覚機能の低下は中枢神経系の老化が原因ともされている（山野井, 1998; 北川, 2004）。

　しかし、感覚過敏な人々は心理的な負担が大きく、このような機能は年齢とともに調整されると考えられている（傳田, 2017; 高橋・神尾, 2018）。パーソナリティに関していえば、神経症傾向は感情の不安定性や抑うつと関連しており、年齢とともに低下することで、情緒の安定に繋がっていく可能性がある（Soto *et al.*, 2011; Terracciano *et al.*, 2005）。

　そのため、感覚機能の衰退変化を身体的側面だけで考えるのではなく、心理学的な特性や状況と組み合わせて多角的に考えることが重要である。一般的に、感覚受容器の機能低下は否定的に考えられるが、年齢を重ねるごとで刺激が調整され、個人によってはポジティブに変化すると解釈できる場合もある。

4. 感覚処理感受性の変化

　これまでに紹介してきた加齢に伴うパーソナリティと感覚機能の変化に関する既存の知見を踏まえて、本節では、本章の目的である感覚処理感受性の年齢変化についてみていきたい。

4.1. 感覚処理感受性とは
　感覚処理感受性とは、外的刺激に対する閾値の低さである「低感覚閾」と、外的・内的刺激に対する圧倒されやすさである「易興奮性」、美的な刺激に対する影響の受けやすさである「美的感受性」の3次元から捉えられている

（Smolewska *et al.*, 2006; 髙橋 , 2016）。しかし、これらの 3 次元の総計を感受性の高さとして測定する場合もある。

　また、上述の 3 因子モデルと比較して、すべての観測変数を説明する一般感受性因子と一部の観測変数を説明する 3 因子から構成された双因子モデルの方が、データとの当てはまりがよいことが支持されている（Lionetti *et al.*, 2018; Yano & Oishi, 2023）。つまり、感覚処理感受性の因子構造には 3 つの特性概念に加えて、それらと直交する一般因子が想定されている。

　また、感覚処理感受性の下位次元によって、他の心理的側面との関係は異なる。例えば、否定的情動の側面である低感覚閾と易興奮性が高い人ほど、抑うつ症状が高く、自尊感情や人生に対する満足度が低いとされている（Sobocko & Zelenski, 2015; 上野他 , 2019; Yano & Oishi, 2018）。しかし、定位感受性の側面である美的感受性は逆の関係となる。

　つまり、感覚処理感受性の下位次元によって、心身に与える影響が異なることが示唆されている。この点は、Big Five との関係でもいえ、神経症傾向と開放性と関係する下位次元も異なっている（Lionetti *et al.*, 2019; Yano *et al.*, 2021）。そのため、感覚処理感受性を理解する際には、全体だけでなく、各次元のバランスを把握することも重要となる。

4.2. 感覚処理感受性と年齢

　ここまで、パーソナリティや感覚機能の観点から、予想される感覚処理感受性の変化について総合的に考察してきた。しかしながら、感覚処理感受性と年齢との関連を検討した直接的な研究は国際的にみてもほとんどない。そのため、研究知見が限定的であり、これ以降で紹介する著者らの知見についても慎重な解釈が必要であることは事前に述べておきたい。

　著者らは日本人を対象とした横断調査（20 ～ 69 歳 1,983 名）から、感覚処理感受性と年齢の関係を検討した（Ueno *et al.*, 2019）。その結果、低感覚閾と易興奮性は年齢とともに低下し、美的感受性は上昇していくことが示されている（図 6-6）[6]。また性別と年齢の交互作用に関する影響は認められず、感覚処理感受性に対する年齢の効果は性別にかかわらず同様であったことが報告されている。

6　心理尺度を用いて感覚処理感受性と年齢の相関情報をみているにすぎず、あくまでも異年齢間の平均値を描いているという限界がある。

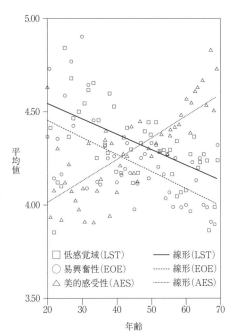

図6-6 感覚処理感受性の横断的年齢変化
HSP 尺度日本版（髙橋, 2016）の得点範囲は1点から7点であるが、グラフ上ではより
精緻な変化を理解するために得点範囲が集約されている。加えて性別を共変量とした年
齢ごとの推定周辺平均値および近似線が描かれている。LST = low sensory threshold
（低感覚域），EOS = ease of excitation（易興奮性），AES = aesthetic sensitivity（美的
感受性）。図は Ueno *et al.*（2019）より引用（著者訳）。

　一方で、感覚処理感受性の各次元を統合した合計得点に対する年齢の効果は
見られなかった（Ueno *et al.*, 2019）。感覚処理感受性の下位次元は測定方向が異
なる2つの次元（否定的情動と定位感受性）を含んでおり、それらを加算するこ
とで、感覚処理感受性に対する年齢の影響が薄れた可能性が考えられる。

　しかし、日本の1,626名（18〜69歳）を対象とした研究（Yano *et al.*, 2021）か
らは、感覚処理感受性の総計と年齢の間で、上野ら（Ueno *et al.*, 2019）よりも
大きい有意な相関係数（*r* = -.16）を示し、年齢が低い人ほど、感覚処理感受性
の得点が高い結果が確認されている。同じ文化圏でも結果が安定せず、再現性
が低い点には留意する必要がある[7]。

----

[7]　感覚処理感受性の総計と年齢の相関係数は -.09 と小さな効果以下ではあるが、著者ら
（Ueno *et al.*, 2019）の研究では有意な相関関係が認められている。一方、回帰分析による結果

日本以外の諸外国では、例えばオーストラリアでは、若年層（18 〜 34 歳）は 65 歳以上と比較して、感覚処理感受性の合計得点が高いことが示されている（Machingura *et al.*, 2020）。同様に、ポルトガルにおいても、若年層（18 〜 25 歳）は他の年齢層（26 〜 65 歳）と比較して、HSP の割合が高いことが報告されている（Amaro *et al.*, 2022）。

　またバリラ・メイタジジュクら（Baryła-Matejczuk *et al.*, 2022）は、ポーランドの 1,384 名（12 〜 25 歳）を対象に、HSP 尺度 10 項目短縮版[8]を使用して、青年期には成人期以降とは異なる感覚処理感受性の年齢変化を検討している。結果として、青年前期から後期にかけて感覚処理感受性の得点が高くなる傾向が示されているが、性別によって年齢変化に違いが見られる可能性も考えられる。

　著者が知る限り、感覚処理感受性の年齢変化に関する長期的な縦断的研究は行われていない。現状として、りら（Li *et al.*, 2021）が 1 年間という短期間の縦断調査を行い、幼児の感覚処理感受性の発達を調べた研究に限られている。長期的な縦断調査をもとにして明らかにされたパーソナリティの変化と同様に、感覚処理感受性についても横断的に年齢との関連を調べた研究とは異なる傾向が得られる可能性もある。また、感覚処理感受性と年齢との関連について、現時点では研究間のばらつきがあり、今後、幅広い年齢層や文化的背景を考慮した統合研究（例えば、メタ分析）によって年齢変化を検討することが望まれる。

4.3. 変化が意味するもの

　なぜ感覚処理感受性は年齢とともに変化するのだろうか[9]。感覚処理感受性の下位次元である低感覚閾と易興奮性は、年齢を重ねるごとに低下する傾向が示

は、著者らの研究（Ueno *et al.*, 2019）で設定された 1% 水準以下ではないため（*p* = .012）、関連は示されなかったと解釈されている。また著者らの研究（Ueno *et al.*, 2019）と髙橋（2016）、矢野ら（Yano *et al.*, 2021）で得られた感覚処理感受性の因子間相関は同程度を示し、美的感受性は他の因子と負の相関であり相関係数も低かった。矢野ら（Yano *et al.*, 2021）の研究では、著者らの研究（Ueno *et al.*, 2019）と比較し、美的感受性と年齢の相関係数が小さく有意ではないため、感覚処理感受性の総計と年齢との相関が大きくなったことが推察される。

8　HSP-J19 の短縮版尺度を作成した研究（Iimura *et al.*, 2023）では、感覚処理感受性の因子間で相関係数は高く、すべて正の値（*r* = .38 〜 .57）であったため、分析する項目内容によって年齢と感覚処理感受性の相関関係に違いが見られる可能性もある。

9　効果量の小さい高次の年齢の効果であり、年齢とともに大きな変化があるとはいえない。また集団による変化を指し、個々人それぞれの変化ではない点には留意してほしい。

されている。この結果は、前述の Big Five の神経症傾向や感覚機能の年齢変化と同様の軌跡をたどっていることが考えられる。

　対照的に、美的感受性は年齢とともに上昇し、他の２つの次元とは異なる変化が見られる。美的感受性は、神経症傾向よりも開放性と関連が強いことが指摘される。一部のパーソナリティ研究では、開放性は中年期ごろまで年齢とともに上昇することが報告されており（Lehmann et al., 2013）、美的感受性の年齢変化の一部と一致していることが示されている。

　感覚処理感受性の各次元の変化の違いは、先に述べたパーソナリティと感覚機能の変化からも解釈できる。まず、カスピら（Caspi et al., 2005）が提唱した成熟の原則から、低感覚閾と易興奮性の低下は過剰な刺激の受容や反応しやすさの低下、美的感受性の高まりは精神生活の豊かさに関係していくことを示し、社会的に望ましい方向に発達しているといえる。

　加えて、視覚や聴覚などの感覚機能は、年齢とともに低下すること（Schumm, et al., 2009）や、神経伝導速度、基礎代謝量、肺活量などの生理機能も加齢とともに低下することが明らかとなっている（Shock, 1971）。このような感覚機能や身体機能の低下を考えると、感覚処理感受性の年齢差が示されることは妥当な結果といえる。

　また感覚機能（特に視力や聴力）は記憶と関係があり、感覚機能と知能の関連性が加齢に伴って高まるのは、感覚機能と認知機能の両方に影響を及ぼす中枢神経系の変化が加齢に伴って加速されるとする共通原因仮説がある（Baltes & Lindenberger, 1997）。感覚処理感受性と感覚機能の間にもこのような仮説が当てはまる可能性もある。

　経験の質や環境の影響を受ける度合いは個々人で異なるが、感覚処理感受性が高い人たちは、良くも悪くもさまざまな影響を受けやすいとされている（序章を参照）。感覚処理感受性は経時的に変化する可能性も大きく、発達段階での課題や経験した出来事の影響を受け、その発達にも個人差が大きいことが考えられる（Belsky, 1997, 2005）。

　一方で、感覚処理感受性は、ヒトの性格を記述するための個人差特性の１つであると同時に、100 以上の種が基礎的な生存戦略としてもつ性質とされる（Kagan, 1994; Wolf et al., 2008）。特に、ヒト以外の種でも環境に対する応答性の個体差があることが報告され（Aron et al., 2012）、生物に必要な特性の１つとし

て考えられている。

　感受性が高い人たちは、特定の環境や状況ではそれが低い人たちよりも優位な反応を示すことがある（Aron & Aron, 1997; Aron *et al.*, 2012）。また、ポジティブな感情反応が高く（Lionetti *et al.*, 2018）、さまざまな心理プログラムに対する効果が高いことが示され（Pluess & Boniwell, 2015; Nocentini *et al.*, 2018）、ポジティブな側面の働きも大きいとされる。

　しかし、感受性が高い人たちの適応は、環境との適合によって適応方略が異なるため（Chess & Thomas, 2013; Belsky *et al.*, 2007; Belsky, & Pluess, 2009）、実際の年齢に伴う変化がすべての個々人にとって望ましい変化とされるかは別問題である。なぜこのような年齢差が観察されるのか、これらの変化が意味することはなにか、慎重に解釈することが望まれる。

5. おわりに

　本章では、感覚処理感受性が年齢に伴ってどのように変化するのかについて論じてきた。感覚処理感受性と年齢の関係は、構成する下位次元によって異なり、また社会が求めるパーソナリティや感覚機能の老化とともにつながって変化していく可能性が考えられた。感覚処理感受性がもつ広い意味合いが、年齢との関係からも示唆された。

　生涯発達の観点からみれば、感覚処理感受性の変化はおそらく個人間で多様であり、本章で述べた以外の発達パターンも想定されるだろう。感覚処理感受性が高い人の特徴を詳細に記述するためには、単に特性が「変わらない、上がった、下がった」と解釈するだけではなく、その変化に関与するであろう生育歴や環境を考慮することも必要である。

引用文献

Acevedo, B. P., Aron, E. N., Aron, A., Sangster, M. D., Collins, N., & Brown, L. L. (2014). The highly sensitive brain: an fMRI study of sensory processing sensitivity and response to others' emotions. *Brain and Behavior*, 4, 580-594.

Amaro, A. C., Martinez, L. M., Ramos, F. R., Menezes, K., & Menezes, S. (2022). An overstimulated consumer in a highly visual world: The moderating effect of the highly sensitive person trait on the attitude towards the ad. *Electronic Commerce Research*,

1-30.

Aron, E. N., & Aron, A. (1997). Sensory-processing sensitivity and its relation to introversion and emotionality. *Journal of Personality and Social Psychology*, 73, 345-368.

Aron, E. N., Aron, A., & Jagiellowicz, J. (2012). Sensory processing sensitivity: A review in the light of the evolution of biological responsivity. *Personality and Social Psychology Review*, 16, 262-282.

Baltes, P. B., & Lindenberger, U. (1997). Emergence of a powerful connection between sensory and cognitive functions across the adult life span: A new window to the study of cognitive aging? *Psychology and Aging*, 12, 12-21.

Baryła-Matejczuk, M., Porzak, R., & Poleszak, W. (2022). HSPS-10—Short Version of the Highly Sensitive Person Scale for students aged 12-25 years. *International Journal of Environmental Research and Public Health*, 19, 15775.

Belsky J. (1997). Variation in susceptibility to rearing influence: An evolutionary argument. *Psychological Inquiry*, 8, 182-186.

Belsky J. (2005). Differential susceptibility to rearing influence: An evolutionary hypothesis and some evidence. In Ellis B., Bjorklund D. (Eds.), *Origins of the social mind: Evolutionary psychology and child development* (pp. 139-163). New York: Guilford.

Belsky, J., Bakermans-Kranenburg, M. J., & Van IJzendoorn, M. H. (2007). For better and for worse: Differential susceptibility to environmental influences. *Current Directions in Psychological Science*, 16, 300-304.

Belsky, J., & Pluess, M. (2009). Beyond diathesis stress: Differential susceptibility to environmental influences. *Psychological Bulletin*, 135, 885-908.

Caspi, A., Roberts, B. W., & Shiner, R. L. (2005). Personality development: Stability and change. *Annual Review of Psychology*, 56, 453-484.

Chess, S., & Thomas, A. (2013). *Goodness of fit: Clinical applications, from infancy through adult life*. Routledge.

Cooper, R. M., Bilash, I., & Zubek, J. P. (1959). The effect of age on taste sensitivity. *Journal of Gerontology*, 14, 56-58.

Costa, P. T., & McCrae, R. R. (1992). Revised NEO Personality Inventory (NEO-PI-R) and NEO Five Factor Inventory (NEO-FFI) professional manual. Odessa: Psychological Assessment Resources.

傳田 健三（2017）．自閉スペクトラム症（ASD）の特性理解　心身医学，*57*, 19-26.

Doty, R. L., Shaman, P., Applebaum, S. L., Giberson, R., Sikorski, L., & Rosenberg, L. (1984). Smell identification ability: Changes with age. Science, 226, 1441-1443.

DeYoung, C. G., Peterson, J. B., & Higgins, D. M. (2002). Higher-order factors of the Big Five predict conformity: Are there neuroses of health? *Personality and Individual Differences*, 33, 533-552.

Gerstenberg, F. X. (2012). Sensory-processing sensitivity predicts performance on a visual search task followed by an increase in perceived stress. *Personality and Individual Differences*, 53, 496-500.

Gignac, G. E., & Szodorai, E. T. (2016). Effect size guidelines for individual differences researchers. *Personality and Individual Differences, 102,* 74-78.

Goldberg, L. R. (1990). An alternative "description of personality": The Big-Five factor structure. *Journal of Personality and Social Psychology, 59,* 1216-1229.

Graham, E. K., Weston, S. J., Gerstorf, D., Yoneda, T. B., Booth, T., Beam, C. R., Petkus, A. J., et al. (2020). Trajectories of Big Five personality traits: A coordinated analysis of 16 longitudinal samples. *European Journal of Personality, 34,* 301-321.

Greven, C. U., Lionetti, F., Booth, C., Aron, E. N., Fox, E., Schendan, H. E., ... & Homberg, J. (2019). Sensory processing sensitivity in the context of environmental sensitivity: A critical review and development of research agenda. *Neuroscience & Biobehavioral Reviews, 98,* 287-305.

Hirsch, M. J. (1959). Changes in astigmatism after the age of forty. *American Journal of Optometry and Archives of American Academy of Optometry, 36,* 395-405.

肥塚 泉（2012）．平衡覚　JOHNS, *28,* 1290-1294.

Homberg, J. R., Schubert, D., Asan, E., & Aron, E. N. (2016). Sensory processing sensitivity and serotonin gene variance: Insights into mechanisms shaping environmental sensitivity. *Neuroscience & Biobehavioral Reviews, 71,* 472-483.

Iimura, S., & Takasugi, S. (2022). Sensory processing sensitivity and gastrointestinal symptoms in Japanese adults. *International Journal of Environmental Research and Public Health, 19,* 9893.

Iimura, S., Yano, K., & Ishii, Y. (2023). Environmental sensitivity in adults: Psychometric properties of the Japanese version of the Highly Sensitive Person Scale 10-item version. *Journal of Personality Assessment, 105,* 87-99.

入谷 敦・佐々木 洋・三輪高喜・森本茂人（2013）．第 5 章 臓器の加齢変化と老年疾患の発症 —— 9. 感覚器系　日本老年医学会（編）老年医学系統講義テキスト（pp.152-155）　西村書店

Jagiellowicz, J., Xu, X., Aron, A., Aron, E., Cao, G., Feng, T., & Weng, X. (2011). The trait of sensory processing sensitivity and neural responses to changes in visual scenes. *Social Cognitive and Affective Neuroscience, 6,* 38-47.

Kagan, J. (1994). Galen's prophecy: Temperament in human nature. New York: Basic Books.

北川 公路（2004）．老年期の感覚機能の低下——日常生活への影響　駒澤大学心理学論集, *6,* 53-59.

Lehmann, R., Denissen, J. J., Allemand, M., & Penke, L. (2013). Age and gender differences in motivational manifestations of the Big Five from age 16 to 60. *Developmental Psychology, 49,* 365-383.

Li, Z., Sturge-Apple, M. L., & Davies, P. T. (2021). Family context in association with the development of child sensory processing sensitivity. *Developmental Psychology, 57,* 2165-2178.

Lionetti, F., Aron, A., Aron, E. N., Burns, G. L., Jagiellowicz, J., & Pluess, M. (2018). Dandelions, tulips and orchids: Evidence for the existence of low-sensitive, medium-sensitive and high-sensitive individuals. *Translational Psychiatry, 8,* 24.

Lionetti, F., Pastore, M., Moscardino, U., Nocentini, A., Pluess, K., & Pluess, M. (2019). Sensory processing sensitivity and its association with personality traits and affect: A meta-analysis. *Journal of Research in Personality*, 81, 138-152.

Machingura, T., Kaur, G., Lloyd, C., Mickan, S., Shum, D., Rathbone, E., & Green, H. (2020). An exploration of sensory processing patterns and their association with demographic factors in healthy adults. *Irish Journal of Occupational Therapy*, 48, 3-16.

新村 出(編)(2018). 広辞苑 第7版 岩波書店

西村 純一(2018). 成人発達とエイジングの心理学 ナカニシヤ出版

Nocentini, A., Menesini, E., & Pluess, M. (2018). The personality trait of environmental sensitivity predicts children's positive response to school-based antibullying intervention. *Clinical Psychological Science*, 6, 848-859.

大山 勝・古田 茂・高坂 知節・池田 勝久・森山 寛・柳 清・原田 博文(1995). 嗅覚識別検査(Smell Identification Test)の有用性に関する検討──多施設における検討 日本鼻科学会会誌, *34*, 340-347.

Ordy, J. M., Brizzee, K. R., Beavers, T., & Medart, P. (1979). Age differences in the functional and structural organization of the auditory system in man. In J. M. Ordy, & K. R. Brizzee (Eds.) Sensory systems and communication in the elderly (pp.153-166). New York, NY: Raven Press.

小塩 真司(2010). はじめて学ぶパーソナリティ心理学──個性をめぐる冒険 ミネルヴァ書房

小塩 真司(2014). Progress & Application ──パーソナリティ心理学 サイエンス社

小塩 真司(2018). 性格がいい人、悪い人の科学 日本経済新聞出版

小塩 真司(2020). 性格とは何か 中央公論新社

Pluess, M., & Boniwell, I. (2015). Sensory-processing sensitivity predicts treatment response to a school-based depression prevention program: Evidence of vantage sensitivity. *Personality and Individual Differences*, 82, 40-45.

Schumm, L. P., McClintock, M., Williams, S., Leitsch, S., Lundstrom, J., Hummel, T., & Lindau, S. T. (2009). Assessment of sensory function in the national social life, health, and aging project. *Journals of Gerontology Series B: Psychological Sciences and Social Sciences*, 64, i76-i85.

Shock, N. W. (1971). The physiology of aging. In C. B. Vedder (Ed.), *Gerontology* (pp. 264-279). Springfield, IL: Charles C. Thomas.

Smolewska, K. A., McCabe, S. B., & Woody, E. Z. (2006). A psychometric evaluation of the Highly Sensitive Person Scale: The components of sensory-processing sensitivity and their relation to the BIS/BAS and "Big Five". *Personality and Individual Differences*, 40, 1269-1279.

Sobocko, K., & Zelenski, J. M. (2015). Trait sensory-processing sensitivity and subjective well-being: Distinctive associations for different aspects of sensitivity. *Personality and Individual Differences*, 83, 44-49.

Soto, C. J., John, O. P., Gosling, S. D., & Potter, J. (2011). Age differences in personality traits from 10 to 65: Big Five domains and facets in a large cross-sectional sample. *Journal of Personality and Social Psychology*, 100, 330-348.

Srivastava, S.J., Oliver, P., Gosling, S.D., & Potter, J. (2003). Development of personality in early and middle adulthood: Set like plaster or persistent change? *Journal of Personality and Social Psychology*, 84, 1041-1053.

髙橋 亜希（2016）. Highly Sensitive Person Scale 日本版（HSPS-J19）の作成　感情心理学研究, *23*, 68-77.

高橋 秀俊・神尾 陽子（2018）. 自閉スペクトラム症の感覚の特徴　精神神経学雑誌, *120*, 369-383.

田中 靖彦（2004）. 特集「感覚器（五感の科学）」　医療, *58*, 491-492.

田口 孝行・新岡 大和（2021）. 加齢に伴う感覚機能の変化　理学療法学, *48*, 343-349.

Terracciano, A., McCrae, R. R., Brant, L. J., & Costa Jr, P. T. (2005). Hierarchical linear modeling analyses of the NEO-PI-R scales in the Baltimore longitudinal study of aging. *Psychology and Aging*, 20, 493-506.

Thornbury, J. M., & Mistretta, C. M. (1981). Tactile sensitivity as a function of age. *Journal of Gerontology*, 36, 34-39.

Trouillet, R., & Gana, K. (2008). Age differences in temperament, character and depressive mood: A cross-sectional study. *Clinical Psychology & Psychotherapy*, 15, 266-275.

上田 真名美・多田 奏恵・長谷川 龍樹・近藤 洋史（2023）. 感覚処理感受性と内受容感覚の分離可能性　心理学研究, *93*, 573-579.

Ueno, Y., Takahashi, A., & Oshio, A. (2019). Relationship between sensory-processing sensitivity and age in a large cross-sectional Japanese sample. *Heliyon*, 5, e02508.

上野 雄己・髙橋 亜希・小塩 真司（2020）. Highly Sensitive Person は主観的幸福感が低いのか？――感覚処理感受性と人生に対する満足度, 自尊感情との関連から　感情心理学研究, *27*, 104-109.

渡邊 芳之（2010）. 性格とはなんだったのか――心理学と日常概念　新曜社

Wolf, M., van Doorn, G. S., & Weissing, F. J. (2008). Evolutionary emergence of responsive and unresponsive personalities. *Proceedings of the National Academy of Sciences of the United States of America*, 105, 15825-15830.

Wright, A. J., & Jackson, J. J. (2023). Are some people more consistent? Examining the stability and underlying processes of personality profile consistency. *Journal of Personality and Social Psychology*, 124, 1314-1337.

山野井 昇（1998）. 加齢と皮膚感覚　繊維学会誌, *54*, 237-241.

Yano, K., Kase, T., & Oishi, K. (2021). The associations between sensory processing sensitivity and the Big Five personality traits in a Japanese sample. *Journal of Individual Differences*, 42, 84-90.

Yano, K., & Oishi, K. (2018). The relationships among daily exercise, sensory-processing sensitivity, and depressive tendency in Japanese university students. *Personality and Individual Differences*, 127, 49-53.

Yano, K., Oishi, K. (2023). Replication of the three sensitivity groups and investigation of their characteristics in Japanese samples. *Current Psychology*, 42, 1371-1380.

第 **3** 部

臨床心理学からみた環境感受性の研究

第7章

感受性に対する心理支援：回復を支える視点

平野真理（お茶の水女子大学）

1. はじめに

　本章では、感受性の高さによって苦しみを抱える人々への心理支援やカウンセリングにおいて、どのような支援の姿勢や視点を持つことができるのかについて、2つの調査研究から得られた知見を通して考える。もちろん、クライエントの抱える苦しみは人それぞれであり、HSPへの心理支援としてひとくくりにできる対応は存在しない。したがって本章で確認するのは、あくまでも支援者がHSPの苦しみをどのように受け取り、どのような姿勢で支援を考える必要があるのかという支援者側の姿勢における視座である。なおここでは、刺激に対する敏感さや感受性を特定の精神疾患や障害に起因するものとして理解するのではなく、本人が自身の生きづらさをもたらすものとして語る特性として扱う。

2. クライエントにとっての感受性

　はじめに、カウンセリングなどの臨床心理支援の場において、感受性がどのように語られ、扱われるのかについてのイメージを共有したい。

2.1. 人間関係の生きづらさとなる感受性
　筆者がカウンセリングや心理相談の中で出会う成人のクライエントが、自らの感受性に言及する場合を思い起こすと、その内容は大きく2つに分かれる。1つは発達障害（神経発達症）に伴う感受性についてであり、たいていの場合、

「私は ASD/ADHD（のグレー）なので、もともと感覚過敏がある[1]」という言葉で語られる。具体的に内容を聞くと、大きな音や、におい、皮膚感覚に耐えられないといったものが多く、おそらく発達障害の診断を受けるプロセスのなかで「感覚過敏」という言葉を得たことで、幼いころから感じてきた感覚の不快さに説明がついたのであろうことが推察される。これら五感の感覚過敏については、イヤホンを着用したり、特定の場所を避けるなど、すでに本人がなんらかの防御や回避の対処行動をとってきていることが多い。そのため成人のカウンセリングの中で感覚過敏のみが主訴として語られることは比較的少ないように感じる。

　一方、感受性が語られるもうひとつのパターンとして、人間関係の中でさまざまなことを「気にしてしまう」ことによる疲弊や傷つきの訴えがある。本章では、臨床場面でテーマとなる感受性として、主にこちらについて扱いたい。

　人間関係における感受性の場合は、感覚過敏の場合とは対照的に、そのこと自体が主訴となることが多い。人の些細な発言に心が揺さぶられ、傷ついたり、繰り返しそのことを考えてしまい、自尊感情が奪われていく。あるいは、自分の言動が相手を傷つけてしまったのではないかと気になり、自己嫌悪に陥る。周りの人々からは「気にすることないよ」「考えすぎないように」と助言され、頭では「些細なことである」とか、「相手はそういうつもりではない」とわかっていても、どうしても気持ちが動揺し、考え続けてしまう。自分の言動を後悔したり、この先にもっと悪い展開になるのではないかと不安になったり……こうしたストーリーが語られる。

2.2. 感受性に対する心理支援の難しさ

　そうした主訴を語るクライエントの願いは、「どうしたら気にしない自分になれるか」ということである。支援者はその願いを受けとり、「気にしない自分」になるための変化をスモールステップで達成できるような手段を考え、認知や行動にアプローチするかもしれない。しかしながら感受性というのは、人が物事を認知するプロセスの中でもいちばんはじめの、刺激の受け取り部分にかかわるものである。受け取った刺激に対してネガティブな捉え方や意味付け

1　ASD（autism spectrum disorder）は自閉スペクトラム症、ADHD（attention-deficit / hyperactivity disorder）は注意欠如・多動症の略称である。

をしてしまうことが問題であるならば、認知的なアプローチによってその修正が可能かもしれないが、刺激に反応しすぎてしまうというアンテナの感度は、なかなか変化させにくいものである。そのため、多くの場合はストレスフルな状況からいかに距離をとっていくか、という防御的対処を目指すことになるだろう。つまり、「鈍感になろう」と試みてもうまくいきにくいため、周囲とのよい距離や関係のあり方を探っていくことが重要になると考えられる。とは言っても、社会の中で仕事をしたり、生きていくためには、人とまったく会話をしないわけにもいかず、人間関係の距離を保つことは実際には難しいという現実もある。

　一方で近年、感受性に関する心理学の基礎研究が発展するなかで、感受性は不安や抑うつなどのネガティブな心理状態を予測するだけではなく、ポジティブな出来事や介入に対しても豊かな反応性を持つ特性であることが強調されるようになってきた。もともと「感受性の高さ」という言葉は、日本語としてもフラットな意味を持っており、芸術の世界においてはむしろ必要不可欠な特性である。そうした視点から、その人の持つ感受性をネガティブな特性と見なさずに、ポジティブなものと捉えていけるようにしようとする支援の声が聞かれることもある。しかしながら、感受性が本来フラットな特性であったとしても、心理支援の場を訪れるクライエントにとっては、やはり前景に出ている苦しみや傷つきを何とかしたいのであって、「感受性をポジティブな特性として捉えよう」という方向の支援は、クライエントのニーズとのズレを引き起こしてしまう可能性がある。

3. 感受性による傷つきを回復力で補えるか

　感受性というものがなかなか変えにくい生まれつきの特性（詳細は序章を参照）であると考えたとき、その感受性がもたらす苦しみを低減させるために、「環境と距離をとる」ことのほかにどのような支援ができるのだろうか。ここではそのひとつの視点として、そうした苦しみや傷つきから回復する力、すなわちレジリエンスに焦点をあてた研究を紹介する。

3.1. 傷つきやすさとレジリエンス

　レジリエンスとは、ストレスフルな状況や出来事により心理的に落ち込んでも、そこから立ち直っていける力を表す概念である。身体についた傷が、時間とともに治癒するのと同じように、心の傷つきも通常は時間とともに回復する。その意味で、レジリエンスは人の持つ自然治癒力のようなものともいえるだろう。しかし、その回復プロセスがスムーズに進むかどうかには個人差があり、傷つきから立ち直っていく力の強い人は「レジリエンスの高い人」と呼ばれ、なかなかうまく立ち直れない人は「レジリエンスの低い人」と呼ばれている。

　このレジリエンスという力は、単なる「ストレスへの強さ」と捉えられてしまうことがあり、ストレスへの弱さ（ストレス脆弱性）の対極にある力であると誤解されやすい。しかし実際には、レジリエンスとストレス脆弱性は裏表の概念ではなく、ひとりの中に別々に存在し得る。つまり、ストレスに対する弱さを持っていても、そこから立ち直る力は、それとは別に発揮することができると考えられるのである。そのように捉えると、持って生まれた感受性によってストレスを受けやすい人であっても、レジリエンスを促進することによって、適応感や精神的健康を保つことができるのではないだろうか。

　こうした視点のもと平野（2012）は、感受性が高いことによる「もともとの傷つきやすさ」を、レジリエンスによって補える可能性を探るために質問紙調査（大学生等435名、平均年齢20.7歳）を行なった。研究の流れは以下の通りである。

　(1) 感受性による傷つきやすさの測定
　　HSP尺度（Aron & Aron, 1997）は、全般的な感受性を測定するものであり、傷つきやすさを測定するものではない。HSP尺度項目のなかには、美的感受性のようにポジティブな特徴を問う項目も含まれている。今回は、感受性が高いことによる「傷つきやすさ」に焦点を当てることが目的であったため、HSP尺度の中からネガティブな影響をもたらしやすい項目のみをピックアップする必要があった。そこで、尺度23項目に対して主因子法・Promax回転による探索的因子分析を行ったところ、HSP尺度は大まかに「ネガティブな敏感さ」と「ポジティブな敏感さ」を表す因子に分けられたため、「ネガティブな敏感さ」因子に含まれた16項目を、本調

表7-1 資質的レジリエンス要因と獲得的レジリエンス要因

資質的要因	関連する気質（TCI）
楽観性：将来に対して不安を持たず、肯定的な期待を持って行動できる力	不安の少なさ、新しい行動の起こしやすさ
統御力：もともと衝動性や不安が少なく、ネガティブな感情や生理的な体調に振り回されずにコントロールできる力	衝動性の少なさ、不安の少なさ
社交性：もともと見知らぬ他者に対する不安や恐怖が少なく、他者とのかかわりを好み、コミュニケーションをとれる力	見知らぬ他者への恐怖の少なさ、他者への愛着
行動力：もともとの積極性と忍耐力によって、目標や意欲を持ち、それを努力して実行できる力	忍耐力、新しい行動の起こしやすさ、不安の少なさ
獲得的要因	関連する正確（TCI）
問題解決志向：状況を改善するために、問題を積極的に解決しようとする意志を持ち、解決方法を学ぼうとする力	自分の意志による行動、人生の満足度の高まり
自己理解：自分の考えや、自分自身について理解・把握し、自分の特性に合った目標設定や行動ができる力	自分の意志による目標設定
他者心理の理解：他者の心理を認知的に理解、もしくは受容する力	他者と同一化する能力、人生の満足度の高まり

平野真理 (2015).『レジリエンスは身につけられるか』. p.64 より作成。

査では「傷つきやすさ」の測定尺度とした。

(2) 身につけやすいレジリエンスの測定

　レジリエンスは、レジリエンスを導く「レジリエンス要因」を身につけていくことによって、誰もが後天的に高めていける力であると考えられている。しかし実際にはレジリエンス要因の中には、人によってはなかなか身につけにくいような要素もある。今回の目的は、もともとの傷つきやすさを後天的に補える可能性を検討することであるため、多様な要素の中から、誰もが身につけやすいレジリエンス要因を取り上げて測定する必要があった。二次元レジリエンス要因尺度（平野、2010）は、クロニンジャーの気質／性格モデル（Cloninger *et al.*, 1993）に基づき、レジリエンス要因を、持って生まれた気質と関連の強い「資質的レジリエンス要因」と、後天的に身につけていきやすい「獲得的レジリエンス要因」に分けて測定する尺度である。資質的レジリエンスには、楽観性、統御力、社交性、行動力の4因子、獲得的レジリエンスには、問題解決志向、自己理解、他者心理の理解の3因子が含まれている（表7-1）。本調査では、この尺度を用いて、「傷つきやすさ」に対するレジリエンスの緩衝効果を検討することとした。

(3) 傷つきやすさが高くても、レジリエンスを持つことはできるのだろう

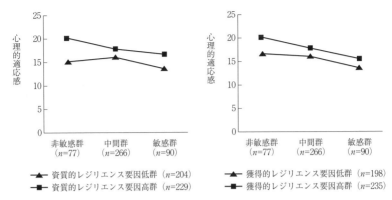

図7-1 「傷つきやすさ」に対するレジリエンスの緩衝効果
平野 (2012) より作成。

か？

　まず、「傷つきやすさ」とレジリエンスの相関を確認したところ、「傷つきやすさ」と獲得的レジリエンスにはほとんど関連が見られず ($r = -.11$)、もともとの感受性による傷つきやすさを持っていても、それとは関係なく獲得的なレジリエンスを身につけていけることが示唆された。ただし、資質的レジリエンスについては、「傷つきやすさ」と中程度の負の相関が示されたことから ($r = -.37$)、やや身につけにくいことがうかがえた。

(4) 傷つきやすさをレジリエンスで補うことができるのか？

　続いて、「傷つきやすさ」を敏感群・中間群・非敏感群の3群に分け、敏感群であってもレジリエンスによって心理的適応感（樋口, 2007）を高められるかどうかを検討した。

　これについては、資質的レジリエンスと獲得的レジリエンスで異なる結果が見られた。まず、分散分析の結果から、傷つきやすさが高くても資質的レジリエンスが高ければ心理的な適応感が保たれることが示された。つまり、傷つきやすさをレジリエンスによって補える可能性が示唆されたといえる。しかしながら、獲得的レジリエンスについては、主効果は有意であったものの交互作用は有意ではなく、資質的レジリエンスほどの効果は示されなかった（図7-1）。

3.2. 落ち込んでも向き合い続ける力

　誰もが身につけやすいレジリエンス要因である獲得的レジリエンスが、傷つきやすさを補うほど大きな効果は持たないという結果は残念であった。しかしながら、資質的なレジリエンスについてはその緩衝効果が認められたことから、傷つきやすさを持ちながらもレジリエンスを高く持つという適応の姿があり得ることが示唆されたといえる。

　さらに細かく結果を見ていくと、感受性が高い群においては、資質的レジリエンスの中でもとりわけ「楽観性」の有無が大きく影響することが示された（β = .52）。もともとストレスに敏感であっても、楽観性を持つことができれば、その敏感さを補うことができる可能性があると考えられる。加えて、獲得的レジリエンスのなかでも「問題解決志向」については有意な標準偏回帰係数（β = .32）が認められたことから、問題解決に向かおうとする力を促進することが、心理的適応感の向上に影響すると考えられた。つまり、ストレスの中で傷ついたり落ち込んだりすることを未然に防ごうとするよりも、「また落ち込んだとしても、きっと大丈夫」という気持ちを持てることや、その気持ちに支えられて問題に向き合う力を高めていけることの方が、感受性の高い人々の適応への近道であると読み取ることができるだろう。

　これらの結果は、あくまでも統計的な傾向の話であり、実際の支援にそのままあてはめることができるものではない。HSP 一人ひとりの傷つきやすさやレジリエンスは、当たり前であるが個別にまったく異なるものである。とはいえこの調査結果からは、感受性の高い人々の回復力に目を向けていくことへの期待を得ることができた。

4.「考えすぎてしまう」ことを活かした回復

　続いて、問題やストレスへの向き合い方において、感受性の高い人々が持っている特徴をどのように活かせるかに関する研究を紹介する。

4.1. 感受性と「深く考える」こと

　HSP の特徴のひとつに、「深く考えること（depth of processing）」が挙げられている（Aron *et al.*, 2012）。これは、外界から得た刺激に対しても、自分のなか

で起こっていることに対しても、深い情報処理を行うという特徴である。さらに国内の研究においては、HSP傾向が高い女性ほど、人生の意味を考える傾向があったことが報告されている（串崎, 2019）。

　物事を「深く考えること」は、それだけを聞けば、心理的な適応につながるよい特徴に聞こえるだろう。しかしそれが「考えすぎてしまう」場合には、必ずしも適応につながらないことがある。考えることに関する心理学の概念に、反芻と省察がある（Trapnell & Campbell, 1999）。反芻とは、自己への脅威や喪失、不正によって動機づけられ、非機能的な反復的思考のことを指す。反芻は抑うつと正の関連が示されている。一方で、自己への好奇心や知的興味によって動機づけられる機能的な反復的思考は省察と呼ばれ、こちらは抑うつと負の関連が示されている（高野・丹野, 2010）。つまり「考えやすい」という特徴は、そのあり方によってネガティブにもポジティブにもなり得る。とりわけ相談に訪れるクライエントには、出来事について必要以上に考え続けてしまうことに苦しむ人が多い。

　では、感受性の高い人々の「深く考える」という特徴は、反芻および省察とどのような関係にあるのだろうか。ネガティブな反芻だけでなく、ポジティブな省察も行いやすいという傾向があるならば、「深く考える」という特徴をポジティブに生かしていける可能性があるのではないだろうか。そうした観点から高畑・平野（2022）は、大学生905名（平均年齢20.02歳）に質問紙調査を実施した。研究の流れは以下の通りである。

(1) 感受性の高さは反芻／省察とどのように関係するか

　この調査では、HSPS-J19（髙橋, 2016）を用いて感受性の程度を測定し、高敏感群・中敏感群・低敏感群の3群に分けた。各群の反芻・省察得点を比較したところ、高敏感群は低・中敏感群に比べて有意に反芻得点も省察得点も高かったが、特に反芻の方がその傾向が顕著であった（反芻 η^2 = .22; 省察 η^2 = .02）。

　さらに、実際にHSPの人々が生活の中で物事を深く考える度合いが高いのかを検討するために、この調査アンケートの回答所要時間も比較したところ、低敏感群・中敏感群・高敏感群の順に回答所要時間が長くなるという結果が得られた（η^2 = .02）（図7-2）。このことから、感受性の高い

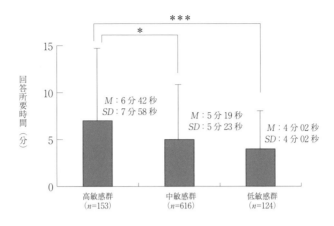

*p<.05, ***p<.001

図7-2　HSP尺度得点（高／中／低敏感群）とアンケート回答所要時間
高畑・平野 (2022) より作成。

人々は、確かに物事を深く長く考える傾向があり、反芻と省察のどちらも行いやすいことが示唆された。

(2) 反芻／省察に影響する要因の検討

　HSPの人々が、反芻／省察のどちらもしやすいという傾向が示されたが、そのどちらを行うかによって心理的な適応は異なってくると考えられる。そこで、反芻／省察を行うことに影響する要因として、「深く考えること」に対する本人の信念に注目することとした。すなわち、本人が「深く考えること」をポジティブに捉えているのか、ネガティブに捉えているのかによって、反芻・省察の行いやすさが変わってくるのではないかという仮説である。

　測定は、反芻に関するポジティブな信念（反芻することで利益が生じるという信念）と、反芻に関するネガティブな信念（反芻することが認知や感情に悪影響を及ぼすという信念）(Papageorgiou & Wells, 2001) を測定する尺度（長谷川他, 2009; 2011）を用いて、「反芻」と言う言葉の部分を「深く考えること」に置き換えて実施した。ポジティブな信念尺度は、深く考えないことで自己の人格や将来に否定的な変化が生じるという「人生への悪影響の回避」、深く考えることが自己の問題解決能力を高めるという「問題解決能力の向上」、深く考えることが自己の感情を改善・制御できるという「感

情制御の促進」、深く考えないことで自己の望ましくない状態の持続・悪化を招くという「現状の悪化の回避」の4つの因子から構成されている。一方、ネガティブな信念尺度は、深く考えることが思考の制御困難性、社会的機能障害、ネガティブな思考や感情の増加につながるという1因子構造であった。

(3) 深く考えることについての信念と反芻・省察

　深く考えることに関するポジティブ／ネガティブな信念と反芻／省察が、心理的な適応にどのような影響を与えるかについてモデルを仮定し、高敏感群・中敏感群・低敏感群で多母集団同時分析を行った。心理適応の指標には、自分らしくいることができるという内的適応感を測定する本来感尺度（伊藤・小玉, 2005）を用いた。

　その結果、高敏感群では中・低敏感群に比べて、深く考えることへのネガティブな信念が反芻を強く予測し（β = .30）、そこからさらに本来感の低下につながる流れが示された（β = -.36）。しかし同時に、深く考えることへのポジティブな信念が省察を予測し（β = .36）、そこから本来感が高まる流れも見られることが示された（β = .27）（図7-3）。

4.2. 反芻しないことを目指すよりも積極的な省察へ

　HSPすなわち感受性の高い人々の「物事を深く考える」という特徴は、どちらかと言うと非機能的な反芻として出現しやすいようである。そして「考えすぎてしまう」ことに苦しみを感じている場合、「考えることはよくないことである」というように、考えること自体をネガティブに捉えやすいだろう。本調査の結果からは、そうした考えることに対するネガティブな信念が、さらに非機能的な反芻を招いてしまい、心理的な適応感が低下する悪循環が読み取れた。しかし一方で、もし深く考えることをポジティブに捉えることができた場合、反芻よりもむしろ機能的な省察が増え、それにより心理的な適応感は向上するというよい循環が生まれることが示唆された。

　「考えすぎてしまう」という問題に対しては、通常、考えを止めるために注意を逸らしたり、距離をとることを促すような介入を行いやすい。しかし、特性として深く考えることを避けにくいHSPにとっては、考えることを避けようとする介入よりもむしろ、考えることをポジティブに捉えることができるよ

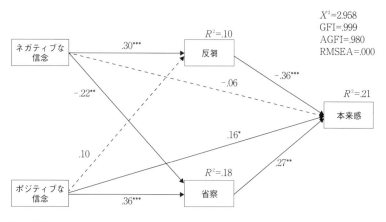

X^2=2.958
GFI=.999
AGFI=.980
RMSEA=.000

***p<.001, **p<.01, *p<.05
誤差項および誤差間共分散のパスは省略した。
パスに示された値はすべて標準化パス係数である。

図7−3　高敏感群における「深く考えること」への信念と反芻・省察のモデル
高畑・平野 (2022) より作成。

うな介入によって、むしろ積極的に考えることを促し、機能的な省察につなげることの方が有用であるかもしれない。

5. おわりに

　本章では2つの研究を通して、感受性の高さによる苦しさを支援する際のヒントとなる知見を紹介した。1つ目の研究からは、感受性の高さによって傷つきやすさを持っていたとしても、そこから立ち直るレジリエンスを高めていくことは可能であり、傷つかないことを目指すよりも、その人が問題に向き合い続けられる力を支援することが有用であるという視点が得られた。もう1つの研究からは、「深く考えすぎてしまう」ことに苦しみを抱える場合、考えることをやめようとするよりも、むしろ積極的に考えられるようになることの促しが効果的である可能性が示された。

　これらはいずれも、感受性を抑えようとするのではないという点で共通している。このことは、単に感受性のポジティブな側面を活かすということとは異なり、感受性を通して培われてきた問題への深い向き合い方を支えようとする視点である。感受性を閉じ込めることなく、傷つきながらもじっくりと問題と

向き合い続ける回復を認め、それが可能な環境を整えることが大切であると考えられる。

引用文献

Aron, E. N., & Aron, A. (1997). Sensory-processing sensitivity and its relation to introversion and emotionality. *Journal of Personality and Social Psychology, 73*, 345-368.

Aron, E. N., Aron, A., & Jagiellowicz, J. (2012). Sensory processing sensitivity: A review in the light of the evolution of biological responsivity. *Personality and Social Psychology Review, 16*, 262-282.

Cloninger, C. R., Svrakic, D. M., & Przybeck, T. R. (1993). A psychobiological model of temperament and character. *Archives of General Psychiatry, 50*, 975-990.

長谷川 晃・金築 優・根建 金男（2009）. 抑うつ的反すうに関するポジティブな信念の確信度と抑うつ的反すう傾向との関連性　パーソナリティ研究, *18*, 21-34.

長谷川 晃・金築 優・井合 真海子・根建 金男（2011）. 抑うつ的反すうに関するネガティブな信念と抑うつとの関連性　行動医学研究, *17*, 16-24.

樋口 康彦（2007）. 大学生の適応に影響を与える要因に関する考察　富山国際大学国際教養学部紀要, *3*, 97-102.

平野 真理（2010）. レジリエンスの資質的要因・獲得的要因の分類の試み―二次元レジリエンス要因尺度（BRS）の作成―　パーソナリティ研究, *19*, 94-106.

平野 真理（2012）. 心理的敏感さに対するレジリエンスの緩衝効果の検討――もともとの「弱さ」を後天的に補えるか　教育心理学研究, *60*, 343-354.

平野 真里（2015）. レジリエンスは身につけられるか――個人差に応じた心のサポートのために　東京大学出版会

伊藤 正哉・小玉 正博（2005）. 自分らしくある感覚（本来感）と自尊感情が well-being に及ぼす影響の検討　教育心理学研究, *53*, 74-85.

串崎 真志（2019）. 高い敏感性をもつ人（Highly Sensitive Person）は物事を深く考える（1）：スピリチュアリティとの関連　関西大学人権問題研究室紀要, *78*, 1-14.

Papageorgiou, C., & Wells, A. (2001). Metacognitive beliefs about rumination in recurrent major depression. *Cognitive and Behavioral Practice, 8*, 160-164.

高畑慶子・平野真理（2022）. HSP は本当に物事を深く考えやすいのか？―反芻・省察の関連および回答所要時間による検証―　日本パーソナリティ心理学会第 31 回大会抄録集.

髙橋 亜希（2016）. Highly Sensitive Person Scale 日本版（HSPS-J19）の作成　パーソナリティ研究, *23*, 68-77.

高野 慶輔・丹野 義彦（2008）. Rumination-Reflection Questionnaire 日本語版作成の試み　パーソナリティ研究, *16*, 259-261.

高野 慶輔・丹野 義彦（2010）. 反芻に対する肯定的信念と反芻・省察　パーソナリティ研究, *19*, 15-24.

Trapnell, P. D., & Campbell, J. D. (1999). Private self-consciousness and the five-factor model of personality: Distinguishing rumination from reflection. *Journal of Personality and Social Psychology, 76*, 284-304.

第8章

感覚処理感受性と共感

串崎真志（関西大学）

1. はじめに

　本章では、環境感受性の性格・気質的側面である感覚処理感受性と共感性（empathy）の関連を考えてみたい。これまでの章で見た通り、感覚処理感受性は、環境からの刺激（またはその変化）に反応しやすい特性であり、HSP は感覚処理感受性の高い人と定義される。エレイン・アーロンは、感覚処理感受性の高い人が、物事を深く受け止める等のさまざま特徴を併せもつと考え、そのような総合的な人物像として HSP を提唱した（Aron, 1996）。

　共感性はしばしば、HSP の長所として説明される（武田, 2020; 串崎, 2020a）。しかし、HSP と共感性の関連が強調されるようになったのは、比較的最近のことであり、それを裏付ける研究もまだ少ない。そこで本章の前半では、HSP の概念に関する歴史的変遷をたどり、共感性が HSP の長所として認識されるようになった経緯を明らかにする。後半では、感覚処理感受性と共感性の相関係数を報告した 8 篇の論文を紹介しつつ、HSP が共感的な特徴をもつかどうかを検討する。

2. 感覚処理感受性，他者に対する繊細さ、共感

　HSP と共感性は、どう関連するのだろうか。重要な点は、アーロンの初期の論文において、共感性の高さはそれほど強調されていなかったことである。例えば 1996 年に出版されたアーロンの書籍（Aron, 1996）は、HSP を世に知らしめた一般書であり、いわゆる内向的（introverted）で引っ込み思案（shy）な人々が、北米の社会で不適応的な扱いを受けやすいことに対して、再考を促す

きっかけになった本である。彼女は、その前書きで次のように述べている（Aron, 1996, xiv）。

　　自分〔アーロン自身のこと〕が欠点だらけの人間であるという自覚はありま
　　した。人々は私の想像力、共感力、創造力、洞察力を楽しみ、そのお礼に、
　　私を守ろうとしてくれる人々もいましたが、私自身はほとんど感謝してい
　　ませんでした。そしてその結果、私は世界から孤立してしまったのです。
　　しかし、洞察力が増すにつれて、私は再び世界に出ることができました。
　　私は今、専門家としてさまざまな一員となり、自分の感受性という特別な
　　贈り物を分かち合うことに大きな喜びを感じています。

　この時点で、HSP の長所として、想像力、共感力、創造力、洞察力を挙げ
ていることは、アーロンのまさしく慧眼であった。しかし、同書において共感
という単語は、この箇所以外に登場しない。また 1997 年に発表されたアーロ
ンらの論文（Aron & Aron, 1997）は、HSP 研究の嚆矢になった論文であるが、
ここでも共感という単語は使われておらず、HSP 尺度の 27 項目にも、人間関
係に関する項目は 1 つ（"Do other people's moods affect you?"）しか設定されな
かった。

2.1. 他者に対する繊細さ

　他者に対する繊細さが強調されるのは、もう少し後のことであった。2002
年に出版されたアーロンの書籍（Aron, 2002）は、繊細な子ども（HSC）につい
て紹介した一般書である。彼女は、発達心理学者ジェロム・ケーガンの研究
（その後はネイサン・フォックスらに受け継がれている）をベースに、抑制（inhibition）
的な気質をもつ子どもが、環境からの刺激に反応しやすいことを説明するなか
で、HSC の特徴の 1 つとして、情動感受性（emotional sensitivity）を紹介して
いた（Aron, 2002/2015, p.18）。

　　ときどき親が最も気づく性質は、子どもの情動感受性です。例えばリバー
　　は、他人の情動に気づきやすい十代ですが、公園で見つけたホームレスを
　　引き取ってほしいと母親に懇願するほどでした。

そして、他者の気持ちに気づく（awareness of others' feelings）という節を設けて、次のように書いている（Aron, 2002/2015, p.56）。

　　人間が社会的な動物であることを考慮すると、繊細な知覚（awareness）と充実した感情生活を組み合わせることで、あなたは他者の感情を強く知覚する傾向をもつ人になります。なんて素晴らしい属性でしょう。それはあなたの共感性を伸ばし、直感的なリーダー（営業マンはいうまでもなく）にするかもしれません。あらゆるものを育む方法を熟知し、親密な関係で注意が必要な時期を見るという良いセンスももっています。

　その次頁には、「HSC の共感性については、刺激に圧倒されると（overwhelmed）、一時的に他人のニーズに全く気づかなくなることがあります」（Aron, 2002/2015, p.56）という、アーロンの観察眼が光る記述もある。しかし共感（empathy）という単語は、まだキーワードになっていなかった。
　2010 年に出版されたアーロンの書籍（Aron, 2010）は、HSP の相談を受ける心理臨床家向けの専門書である。そこにも、情動反応性（emotional reactivity）という言葉が登場する（Aron, 2010, p.31）。

　　情動反応性は、繊細な人が他者の情動にも多く反応することを意味します。繊細な患者は、人が感じていることを、他の人よりもずっとよく理解していることに、あなた〔心理療法家のこと〕は気づくかもしれません。このような同調（attunement）は、あなたのすべての情動に対して生じます。そして、虐待や育児放棄を受けた経歴のある患者で、他者の否定的な気分を警戒する必要がある場合だけでなく、ほとんどの場合で生じるのです。

　さらに同書においては、HSP は共感性が高いことを、まさに共感という単語を用いて明確に述べていた（Aron, 2010, p.25）。ただし共感は、HSP の４つの特徴を表すアルファベットの頭文字（DOES）のうち、処理の深さ（depth of processing）に含まれていた。

処理の深さは、他者に対するより深い感情や共感にも表れます。例えば繊細な人は、動物の苦しみや社会的不公正を含む、他者の苦痛に対して並外れた関心をもつことが多いのです。

2.2. HSP の脳研究

　こうして、共感性の高さは、HSP の特徴として位置づけられるようになる。例えば、アーロンら（Aron *et al.*, 2012, p.275）の概説では、当時、少しずつ始まっていた HSP の脳研究を紹介し、HSP が共感性をもつ可能性に言及していた。また、アセヴェイドら（Acevedo *et al.*, 2014）は、HSP 尺度の得点が高いほど、パートナーの悲しい表情写真を見ているときに（見知らぬ人の悲しい表情写真に比べて）、（共感性に関連する）脳の島皮質（insula）の活動が高くなることを報告した。そして、アセヴェイドら（Acevedo *et al.*, 2018）のレビューでは、HSP は自閉スペクトラム症、統合失調症、心的外傷後ストレス障害と比較して、自他処理、共感、気づき等の脳活動が特徴的だと結論している。感覚処理感受性に関する本格的なレビューであるグレヴェンらの論文（Greven *et al.*, 2019, p.296）においては、次のようにまとめられた。

　　したがって、これらのデータは、感覚処理感受性の高い人は、情報を容易に直感し、「感じ」、統合し、他者の感情状態、特に親しいパートナーのポジティブな感情状態に（他人の感情やニュートラルな感情に比べて）反応することを示唆する。この結果は、処理の深さ、気づき、他者の気分や感情表現に影響を受けやすいという、感覚処理感受性の主要な特徴と一致する。

　これらの研究を受けて、アーロンの一般書においても、HSP と共感性の関連が付記されていった。例えば、*The highly sensitive person*, 2016 年版（Aron, 1996/2016, p.xix）の前書きには、HSP の DOES のうち、「E は共感も意味する」（E is also for empathy）と記載された。そして、2020 年に出版されたアーロンの書籍（Aron, 2020）は HSP の親に向けた一般書であるが、そこでも、DOES の E は「情動反応性そして共感」（Emotional responsiveness and empathy）と併記され（Aron, 2020, p.7）、「あなたの強い情動反応性、共感的つながり、そして

細やかな同調」（Your strong emotional responses, empathic connection, and delicate attunement）という節も設けられた（Aron, 2020, p.11）。

このように、感覚処理感受性と共感性は、初期においてはそれほど強調されていなかったが、他者に対する繊細さに言及されるようになり、2010年代のHSPの脳研究を受けて、現在はHSPの特徴の1つとされるにいたっている。

2.3. 日本の場合

日本においては、2018年ごろから一般向けの書籍やメディアを通して、HSPが注目され始めた（明橋, 2018; 長沼, 2018; 武田, 2018）。その際よく取り上げられたのが、「人に気を使い過ぎて疲れる」という悩みであった。例えば、武田（2018）はベストセラーになった一般書であるが、「人といると疲れるのはなぜ？」（職場で機嫌の悪い人がいると気になる等）という話題から始まる。串崎（2020a, 2020b）も、「顔色を伺う」「気を遣う」という悩みを中心に、HSPを紹介していた。具体的には、職場の上司の顔色をいつも伺う、不機嫌な人が近くにいると落ち着かない、周りのささいな言動に動揺してしまう、などである。また人混みや雑踏が苦手で、人といると疲れやすいという性質もある。

このように日本においては、気疲れ・気苦労・気遣いを混合したような「他

表8-1　他者に対する繊細さに関する諸概念

研究	尺度	因子	項目例	
江田・日高（2007）	対人感受性尺度	否定的感受性	人が自分を拒絶しているのではないかと心配になる	
石原・内堀・今井・牧田（2015）	タイプDパーソナリティ	社会的抑制	私はよく対人関係で引っ込み思案になる	原版はType D Scale（DS14）
石津・安保（2008）	過剰適応尺度	他者配慮	相手がどんな気持ちか考えることが多い	
熊野他（1999）	タイプCパーソナリティ	社会的同調性	自分自身の考えを主張するよりも、むしろ他人の意見に同調しがちである	原版はShort Interpersonal Reactions Inventory
村中・山川・坂本（2018）	対人過敏・自己優先尺度	評価への敏感さ	私は周囲から何か言われないか、変な目で見られないか気になる	
小野・古川（2010）	対人的感受性尺度	対人意識	自分が他の人に及ぼす影響について気に病む	原版はInterpersonal Sensitivity Measure
菅原（1984）	自意識尺度	公的自意識	自分が他人にどう思われているのか気になる	原版はSelf-Consciousness Scale

者に対する繊細さ」が、HSPの特徴として最初から大きくフィーチャーされていた。その背景として、日本にはもともと気を遣う文化が大きかったことが挙げられるだろう。例えば、心理学には、そもそも他者に対する繊細さに関する諸概念がたくさんあり、日本の心理学者は、主として対人不安や対人恐怖症等との関連で、多くの研究を行ってきた（表8-1）。

また社会的な状況を考慮すると、2007年に、KY（空気を読めない）が流行語大賞候補に選ばれたように、昨今は「場の空気を読む」ことがますます求められている。そのような時代を背景に、日本人に特有な人間関係の気苦労をうまく説明してくれる概念として、HSPが一役買っているのではないだろうか。そして一般書のなかには、共感性をHSPの（気遣いの）長所として含めている本も刊行されている（武田, 2020; 串崎, 2020a）。

3. 感覚処理感受性と共感性の相関係数

しかし、感覚処理感受性と共感性の関連を検証した研究は、意外に少ない。Google Scholar で「sensory processing sensitivity」「highly sensitive person scale」「empathy」「interpersonal reactivity index」で検索すると、わずか14件しかヒットしない（2022年8月現在）。同様に、PubMedでTitle/Abstractに「sensory processing sensitivity」「empathy」と入れた場合も、9件であった。それらのうち、公開されていない学位論文（ProQuest）や相関係数の報告のない論文などを除き[1]、ここでは、さらに日本語の3つの論文を加えた合計8篇の論文について整理した（表8-2）。

3.1. 共感性に関する各尺度
ところで、一言で共感性といっても、多様な性質を含む概念である（串崎, 2013）。大きく分類しても認知的共感と情動的共感の2つがあり、その測定尺度にもさまざまなものがある。そこでまず、それらの尺度の特徴について簡単

1　この他にもタンとブレイヴァー（Tang & Braver, 2020）、そしてカーら（Carr *et al.*, 2020）はHSP尺度と対人反応性指標を実施しているが、相関係数は報告されていない。また、飯村（2016）では、感覚処理感受性の高い（上位1SD）の中学生は（それ以外に比べて）、多次元共感性尺度の合計点が高かった（Hedges's g = 0.46）。しかし、相関係数は記載されていない。

表 8－2　HSP 尺度と共感性に関する各尺度の相関係数

研究	国	N	平均年齢	IRI-PT	IRI-EC	IRI-PD	IRI-F	TEQ	RMET	EC-Pos	EC-Neg	IPSM	BES-EC	HSPS	相関係数
黄 (2021), 研究 5	日本	300	25.18	.377	.374	.653	.480						.447	日本版 (19 項目)	Spearman's rank
阪部・平野 (2020)	日本	400	9.75	.27	.44	.40	.25							HSCS (12 項目)	Pearson
Kiou (2018), Chapter 9	イギリス	42	30.12	.427	.486	.555		.376	.330					27 項目	Pearson
串崎 (2022)	日本	200	35.3										.552	短縮版 (11 項目)	Spearman's rank
同上													.459	美的感受性 (4 項目)	Spearman's rank
Schaefer, Kevekordes et al. (2022)	ドイツ	40	29.5	.39	.53	.31	.59							27 項目	Pearson
Schaefer, Kühnel et al. (2022)	ドイツ	165	29.17	.22	.42	.47	.44							27 項目	Pearson
Tabak et al. (2022)	アメリカ	1377	25.76	-.036	.123	.604		.031	-.008	.048	.395	.530		NSR (18 項目)	Pearson
同上				.323	.386	-.023		.442	.214	.339	.300	.238		PSR (美的感受性, 6 項目)	Pearson
Yang (2019)	アメリカ	661	26.94			.24								低感覚閾 (4 項目)	Pearson
同上						.48								易興奮性 (12 項目)	Pearson

IRI-PT = Interpersonal Reactivity Index-Perspective Taking, IRI-EC = Interpersonal Reactivity Index-Empathic Concern, IRI-PD = Interpersonal Reactivity Index-Personal Distress, IRI-F = Interpersonal Reactivity Index-Fantasy, TEM = Toronto Empathy Questionnaire, MET = Reading the Mind in the Eyes Test, EC-Pos = Emotional Contagion Scale for Positive Emotions, EC-Neg = Emotional Contagion Scale for Negative Emotions, IPSM = Interpersonal Sensitivity Measure, BES-EC = Basic Empathy Scale-Emotional Contagion, HSPS = Highly Sensitive Person Scale, HSCS = Highly Sensitive Child Scale, NSR = Negative Sensory Responsivity, PSR = Positive Sensory Responsivity

に説明しておきたい。

3.1.1. 対人反応性指標（Interpersonal Reactivity Index: IRI）（Davis, 1983）

使用頻度が最も多い共感性尺度である。視点取得（Perspective Taking: PD）（項目例：「何かを決める前には、自分と意見が異なる立場のすべてに目を向けるようにしている」）、共感的関心（Empathic Concern: EC）（「自分より不運な人たちを心配し、気にかけることが多い」）、個人的苦痛（Personal Distress: PD）（「非常事態では、不安で落ち着かなくなる」）、想像性（Fantasy）（「自分の身に起こりそうな出来事について、空想にふけることが多い」）の4因子からなる（訳文は日道他, 2017による）。

3.1.2. トロント共感質問紙（Toronto Empathy Questionnaire: TEQ）（Spreng *et al.*, 2009）

情動的共感（情動伝染を含む）を測定する尺度である。「誰か他の人がわくわくしていたら、私もわくわくしやすい」「誰かが無下にあしらわれているのを見て、動揺してしまう」「他の人たちが悲しい思いをしていると、彼らがそれを口にしなくても、私にはわかる」「私の波長が他の人たちの気分に合っていると、私にはわかる」などで構成される（訳文は私訳）。

3.1.3. まなざしから心を読むテスト（Reading the Mind in the Eyes Test: RMET）（Baron-Cohen *et al.*, 2001）

認知的共感（心の理論：theory of mind）、すなわち他者の心の状態（mental state of others）を理解する能力の指標である。参加者は、異なる男女の俳優の両目の部分を撮影した36枚の白黒写真を提示された後、その俳優の気持ちを最もよく表す言葉を4択で選択する。

3.1.4. 情動伝染尺度（Emotional Contagion Scale: EC）（Doherty, 1997）

ポジティブ感情の伝染（「気分が沈んでいるとき、幸せな人と一緒にいると私は元気づけられる」「幸せな人がそばにいると、自分自身も幸せな気持ちでいっぱいになる」）、ネガティブ感情の伝染（「もしも私と話している相手が泣き出したら、私も涙がこぼれそうになってしまう」「愛する人の死について人が話しているのを聞くと、私は悲しみでいっぱいになる」）などで構成される（訳文は木村他, 2007による）。

3.1.5. 対人感受性尺度（Interpersonal Sensitivity Measure: IPSM）（Boyce & Parker, 1989）

このうち、対人的気づき（interpersonal awareness）因子は、共感性というより、人に対する繊細さの指標である。「私が他の人に与える影響が心配だ」「私

は新しい人に会うことを不安に感じる」「私は自分の言動が批判されることを心配する」「私は他者が私のことをどう思っているかを心配する」などからなる（訳文は私訳）。

3.1.6. 基本共感尺度（Basic Empathy Scale: BES）（Carré *et al.*, 2013）

　このうち情動伝染因子は、「何かで悲しくなっている友だちと一緒にいたあと、私はいつも悲しい気持ちになる」「私は、ほかの人の気持ちに引っ張られやすい」「私はテレビや映画で悲しい場面を観ると、しばしば悲しくなる」「怖がっている友だちと一緒にいると、私も恐怖を感じやすい」「私はときどき、友だちと同じ気持ちで心がいっぱいになる」で構成される（訳文は私訳）。

3.2. HSP 尺度と共感性尺度の相関係数

　それでは表 8-2 を見ていこう。相関係数の解釈はさまざまであるが、ここでは、$r > .2$ を弱い相関、$r > .4$ を中程度の相関と考える（r は相関係数を表す記号）。まず、対人反応性指標のなかでは、個人的苦痛が HSP 尺度と中程度の相関を示していた。個人的苦痛は共感性のネガティブな側面、例えば感情の揺らぎやすさを意味するともいえる[2]。タバクらの研究（Tabak *et al.*, 2022）では、Negative Sensory Responsivity（NSR; 低感覚閾・易興奮性）が Positive Sensory Responsivity（PSR; 美的感受性）よりも、個人的苦痛と大きく相関しており、対人感受性尺度の相関係数も同様であった。したがって、個人的苦痛との相関は、感覚処理感受性が高いほど気持ちが揺れやすいことを示唆する。

　次に、対人反応性指標の視点取得、共感的関心、想像力は、HSP 尺度と弱い〜中程度の相関を示していた。タバクら（Tabak *et al.*, 2022）では、PSR が NSR よりも、それらと大きく相関しており、まなざしから心を読むテストの相関係数も同様であった。また、岐部・平野（2020）においても、美的感受性が（低感覚閾・易興奮性に比べて）それらと大きく相関していた（岐部・平野, 2020, Table 2 を参照）。したがって、HSP 尺度は認知的共感と関連するが、それは感覚処理感受性のなかでも美的感受性による働きが大きいと考えられる。

2　例えば、対人反応性指標は、Big Five 性格のなかでも、特に神経症傾向と相関する（De Corte *et al.*, 2007; Guilera *et al.*, 2019; Hawk *et al.*, 2013; Song & Shi, 2017）。また、個人的苦痛は自閉性指数と正の弱い相関（$r = .26$）をもつことなどが挙げられる（Sindermann *et al.*, 2019）。

そして、トロント共感質問紙、情動伝染尺度、基本共感尺度も、HSP尺度と弱い〜中程度の相関を示していた。タバクら（Tabak *et al.*, 2022）では、トロント共感質問紙やポジティブ情動伝染は、PSRがNSRよりも大きく相関し、ネガティブ情動伝染はNSRがPSRに比べて相関係数が少しだけ大きかった。したがって、HSP尺度は情動的共感（情動伝染）と関連し、それは感覚処理感受性のうち低感覚閾・易興奮性・美的感受性いずれも作用していると考えられる。

3.3. HSP尺度とライフスキル尺度の相関係数

ところで、青年・成人用ライフスキル尺度（嘉瀬ほか, 2016）の「対人関係スキル」因子は、「他人に対して思いやりのある言動をとることができる」「他人の気持ちを考慮した言動をとれる」「他人の話を聞くとき、その人の立場に立って気持ちを想像できる」など、他者の言動から気持ちを想像し、共感を示す項目で構成されている。矢野ら（Yano *et al.*, 2021）は、日本の大学生868名（平均19.8歳）を参加者として、HSP尺度日本語版（19項目）（髙橋, 2016）とライフスキル尺度の相関係数を求めたところ、無相関（$r = -.07$）であった。

3.4. 共感精度（共感の正確さ）

相手の情動を正確に捉えることを、共感精度（empathic accuracy）と呼ぶ（串崎, 2021）。はたしてHSP尺度は、共感精度と関連するのだろうか。ジェリー（Gerry, 2017）はユニークな研究を行っている。デンマークの成人32名（平均27歳）が実験に参加した。参加者は、他者視点共有（Be Another Perspective Sharing）のための装置（Head Mounted Display）を装着して、画家が絵を描いているときの経験を共有した。そして、そのときの経験を自分なりに記述した。実験者はそれを、画家の作成した報告と比較し、「0 = 全く異なる」「1 = 異なる考えだが同じ線上にある」「2 = ほとんど同じ」のいずれかにコード化した（これを共感精度とした）。その結果、HSP尺度は共感精度と負の相関を示した（$r = -.608$）。ちなみに、HSP尺度と対人反応性指標（個人的苦痛）は正の相関であった（$r = .563$）。

また、串崎（2019, p.5）は大学生48名に二人組になってもらい、相手の今の孤独感を「会話せずに直感的に想像して」7段階で評定した。相手も、今の自

分の孤独感を自己評定した。そして、前者から後者の値を引いて、共感の不正確さ（過大・過小見積もり）の指標にした（例えば相手の孤独感を4と推測し、相手の実際の孤独感が2だった場合、4 − 2 = 2の過大見積もりとなる）。その結果、HSC尺度（Pluess *et al.*, 2018）（12項目）の得点が高いほど、相手の孤独感を過大に見積もっていた（*r* = .246）。これらの研究から、感覚処理感受性は共感精度を高めるわけではなさそうである。

石上・田中（Ishikami & Tanaka, 2022）は、日本の20代の成人10名が、コーヒーカップを持ち上げている動画や、幸せ・中立・悲しみの表情写真を見ているときの脳波を測定した。その結果、HSP尺度得点が高いほど、動画時のアルファ波（alpha rhythm band power value）が（休息時に比べて）抑制されていた（*r* = −.30）。また、HSP尺度得点の高い人は（それ以外の人に比べて）、悲しい表情を見ているときに（中立表情に比べて）アルファ波が減少した。著者らによると、これらの結果（事象関連非同期 event-related desynchronization）は、感覚処理感受性が高いほど、脳のミラーシステムの活動レベルが高く、情動伝染が生じやすいことを意味するという。

4. 共感性を含めたより包括的な測定尺度

以上をまとめると、感覚処理感受性の研究は、環境からの刺激（またはその変化）に反応しやすい特性であるという定義に始まり、他者に対する繊細さが強調されるにつれて、共感性の高さをその特徴に含めるところまで発展し、実証研究も報告されつつある。

このような動向を受けて、さまざまな刺激を源泉とする反応性を、包括的に測定する尺度も提案されている。例えば、オランダのデ・グフトら（De Gucht *et al.*, 2022）は、6因子43項目（高次双因子モデル）からなる、新たな感覚処理感受性質問紙（Sensory Processing Sensitivity Questionnaire: SPSQ）を開発した。情動・生理的反応性（Emotional and Physiological Reactivity）（項目例：「短時間で多くのことをしなければならないと思うと、すぐに焦ってしまう」）、感覚不快（Sensory Discomfort）（「耳障りな音がとても気になる」）、対人感情感受性（Social-Affective Sensitivity）（「自分の気持ちを笑顔で隠している人がいたら、私はふつうにわかる」）、美的感受性（Esthetic Sensitivity）（「私は美しいアート作品にとても感動することがあ

表8-3 対人感情感受性の項目

・自分の気持ちを笑顔で隠している人がいたら、私はふつうにわかる。

・人の声の調子とその人の言葉が一致しないとき、私はふつうに気づく。

・相手の目を見ると、その人が本当のことを言っているかどうかがよくわかる。

・怖がっていないふりをしようとする人がいたら、私はふつうに気づく。

・私は、笑顔で隠された悲しい目に気づくことがある。

・人が不快に感じているとき、私は彼らを安心させる方法を知っている。

・私は物事を直感的に理解できることがある。

・私は豊かで複雑な感情をもって生活している。

De Gucht *et al.*（2022, Table 2）より筆者作成。訳文は私訳であり、信頼性・妥当性の検証は行われていない。

る」）、内部刺激に対する感覚感受性（Sensory Sensitivity to Subtle Internal and External Stimuli）（「私は体温など体の変化にもすぐに気づく」）、感覚的心地よさ（Sensory Comfort/Pleasure）（「ゆったりとした活動を心から楽しむことができる」）という、6つの因子で構成されている（訳文は私訳）。

　対人感情感受性因子の項目をリストにしてみた（表8-3）。これらは、HSPのもつ情動伝染（あるいは仮説としての共感精度）の特徴をふまえた、他者に対する繊細さのポジティブな側面を測定する項目といえるだろう。ちなみに、他の因子との相関係数は、情動・生理的反応性（$r = .34$）、感覚不快（$r = .38$）、美的感受性（$r = .61$）、内部刺激に対する感覚感受性（$r = .57$）、感覚心地よさ（$r = .31$）であった（De Gucht *et al.*, 2022, Table 4）。

　感覚処理感受性については、環境からの刺激に反応しやすい特性を中心に測定する尺度が主流であるが、デ・グフトら（De Gucht *et al.*, 2022）の新しい尺度のように、刺激の源泉を広く設定して測定することも可能である。どちらがよいかは、議論の分かれるところであろう。後者は、感覚処理感受性の定義が広がり、概念としてやや曖昧になるという短所はある。一方で、後者は、アーロン（Aron, 2020）が描いているような総合的な人物像（すなわちHSP）に近いと思われ、また、対人感情感受性や内部刺激に対する感覚感受性の因子を含めて

いることで、（ときどき議論になる）自閉スペクトラム症などとの区別にも役立つ可能性がある。

5. おわりに

　本章では、感覚処理感受性と共感性の関連について検討した。共感性の高さは、アーロンの初期の主張ではそれほど強調されておらず、2010年代にHSPの脳神経のメカニズムが明らかになるにつれて、HSPの特徴の1つに位置づけられていった。日本の一般書においては、当初から、人に対する繊細さがHSPの特徴として注目されており、共感性もそのような気遣いの長所として含まれていた。

　また、感覚処理感受性と共感性の相関係数を報告した8篇の論文を整理したところ、認知的共感は、感覚処理感受性のなかでも美的感受性の働きが大きいと考えられ、情動的共感（情動伝染）には低感覚閾・易興奮性・美的感受性いずれも作用していると考えられた。さらに、感覚処理感受性は、個人的苦痛のような共感性のネガティブな側面に影響することも示唆された。以上のことから、感覚処理感受性は共感的な特徴をもつといってよいだろう[3]。ただし、これらは現時点での暫定的な結論であり、今後の研究によっては変わる可能性もある。

引用文献

Acevedo, B. P., Aron, E. N., Aron, A., Sangster, M. D., Collins, N., & Brown, L. L. (2014). The highly sensitive brain: An fMRI study of sensory processing sensitivity and response to others' emotions. *Brain and Behavior*, 4, 580-594. https://doi.org/10.1002/brb3.242

Acevedo, B., Aron, E., Pospos, S., & Jessen, D. (2018). The functional highly sensitive brain: A review of the brain circuits underlying sensory processing sensitivity and seemingly

---

3　入稿後に発表された研究として、マクアリーら（McQuarrie *et al.*, 2023）がある。彼女は、カナダの大学生305名（平均年齢20.1歳）に調査したところ、HSP尺度（27項目）とIRI-PT、IRI-EC、IRI-PD、IRI-FSとの相関係数（Pearson）はそれぞれ、$r = .17, 29, 46, 37$であった。またHSP尺度（27項目）と、ジョーダン（Jordan *et al.*, 2016）の開発した共感指標（Empathy Index）のうち共感（Empathy, 項目例：ワクワクしている人を見ると、私もワクワクした気持ちになる）、行動伝染（Behavioral Contagion, 項目例：誰かがあくびをしているのを見たら、私もあくびをする可能性が高い）との相関係数はそれぞれ、$r = .53, 38$であった。

related disorders. Philosophical *Transactions of the Royal Society B: Biological Sciences*, 373, 20170161. https://doi.org/10.1098/rstb.2017.0161

明橋 大二（2018）．HSC の子育てハッピーアドバイス　1万年堂出版

Aron, E. N. (1996/2013). *The highly sensitive person: How to thrive when the world overwhelms you.* London: Thorsons.

Aron, E. N. (1996/2016). *The highly sensitive person: How to thrive when the world overwhelms you.* New York: Harmony Books.

Aron, E. N. (2002/2015). *The highly sensitive child: Helping our children thrive when the world overwhelms them.* London: Thorsons.

Aron, E. N. (2010). *Psychotherapy and the highly sensitive person: Improving outcomes for that minority of people who are the majority of clients.* New York: Routledge.

Aron, E. N. (2020). *The highly sensitive parent: How to care for your kids when you care too much.* London: Thorsons.

Aron, E. N., & Aron, A. (1997). Sensory-processing sensitivity and its relation to introversion and emotionality. *Journal of Personality and Social Psychology,* 73, 345-368. https://doi.org/10.1037/0022-3514.73.2.345

Aron, E. N., Aron, A., & Jagiellowicz, J. (2012). Sensory processing sensitivity: A review in the light of the evolution of biological responsivity. *Personality and Social Psychology Review,* 16, 262-282. https://doi.org/10.1177/1088868311434213

Baron-Cohen, S., Wheelwright, S., Hill, J., Raste, Y., & Plumb, I. (2001). The "reading the mind in the eyes" test revised version: A study with normal adults, and adults with Asperger syndrome or high-functioning autism. *Journal of Child Psychiatry and Psychology,* 42, 241-251. https://doi.org/10.1111/1469-7610.00715

Boyce, P., & Parker, G. (1989). Development of a scale to measure interpersonal sensitivity. *Australian and New Zealand Journal of Psychiatry,* 23, 341-351. https://doi.org/10.3109/00048678909068294

Carr, M., Summers, R., Bradshaw, C., Newton, C., Ellis, L., Johnston, E., & Blagrove, M. (2020). Frontal brain activity and subjective arousal during emotional picture viewing in nightmare sufferers. *Frontiers in Neuroscience,* 14, 585574. https://doi.org/10.3389/fnins.2020.585574

Carré, A., Stefaniak, N., D'ambrosio, F., Bensalah, L., & Besche-Richard, C. (2013). The Basic Empathy Scale in Adults (BES-A): Factor structure of a revised form. *Psychological Assessment,* 25, 679-691. https://psycnet.apa.org/doi/10.1037/a0032297

Davis, M. H. (1983). Measuring individual differences in empathy: Evidence for a multidimensional approach. *Journal of Personality and Social Psychology,* 44, 113-126. https://psycnet.apa.org/doi/10.1037/0022-3514.44.1.113

De Corte, K., Buysse, A., Verhofstadt, L. L., Roeyers, H., Ponnet, K., & Davis, M. H. (2007). Measuring empathic tendencies: Reliability and validity of the Dutch version of the Interpersonal Reactivity Index. *Psychologica Belgica,* 47, 235-260. http://doi.org/10.5334/pb-47-4-235

De Gucht, V., Woestenburg, D. H., & Wilderjans, T. F. (2022). The different faces of (high) sensitivity, toward a more comprehensive measurement instrument. Development and validation of the Sensory Processing Sensitivity Questionnaire (SPSQ). *Journal of Personality Assessment*. https://doi.org/10.1080/00223891.2022.2032101

Doherty, R. W. (1997). The emotional contagion scale: A measure of individual differences. *Journal of Nonverbal Behavior*, 21, 131-154. https://doi.org/10.1023/A:1024956003661

江田 早紀・日高 三喜夫（2007）．対人感受性尺度の作成：因子構造と信頼性，妥当性の検討 久留米大学心理学研究, *6*, 43-50. http://hdl.handle.net/11316/00000854

Gerry, L. J. (2017). Paint with me: stimulating creativity and empathy while painting with a painter in virtual reality. *IEEE Transactions on Visualization and Computer Graphics*, 23, 1418-1426. https://doi.org/10.1109/TVCG.2017.2657239

Greven, C. U., Lionetti, F., Booth, C., Aron, E. N., Fox, E., Schendan, H. E., ... & Homberg, J. (2019). Sensory processing sensitivity in the context of environmental sensitivity: A critical review and development of research agenda. *Neuroscience & Biobehavioral Reviews*, 98, 287-305. https://doi.org/10.1016/j.neubiorev.2019.01.009

Guilera, T., Batalla, I., Forné, C., & Soler-González, J. (2019). Empathy and big five personality model in medical students and its relationship to gender and specialty preference: A cross-sectional study. *BMC Medical Education*, 19, 57. https://doi.org/10.1186/s12909-019-1485-2

Hawk, S. T., Keijsers, L., Branje, S. J., Graaff, J. V. D., Wied, M. D., & Meeus, W. (2013). Examining the interpersonal reactivity index (IRI) among early and late adolescents and their mothers. *Journal of Personality Assessment*, 95, 96-106. https://doi.org/10.1080/002 23891.2012.696080

日道 俊之・小山内 秀和・後藤 崇志・藤田 弥世・河村 悠太・野村 理朗（2017）．日本語版対人反応性指標の作成　心理学研究, *88*, 61-71. https://doi.org/10.4992/jjpsy.88.15218

黄 夢荷（2021）．他者操作方略に関連するパーソナリティ要因の検討　関西大学大学院心理学研究科博士論文（未公刊）　http://doi.org/10.32286/00026954

飯村 周平（2016）．中学生用感覚感受性尺度（SSSI）作成の試み　パーソナリティ研究, *25*, 154-157. https://doi.org/10.2132/personality.25.154

石原 俊一・内堀 知美・今井 有里紗・牧田 茂（2015）．心疾患患者におけるタイプDパーソナリティ尺度の開発　健康心理学研究, *27*, 177-184. https://doi.org/10.11560/jahp.27. Special_issue_177

Ishikami, Y., & Tanaka, H. (2022). Emotional contagion and mirror system activity in the highly sensitive person. In *International Symposium on Affective Science and Engineering ISASE2022* (pp. 1-4). Japan Society of Kansei Engineering. https://doi.org/10.5057/isase.2022-C000013

石津 憲一郎・安保 英勇（2008）．中学生の過剰適応傾向が学校適応感とストレス反応に与える影響　教育心理学研究, *56*, 23-31. https://doi.org/10.5926/jjep1953.56.1_23

Jagiellowicz, J., Aron, A., & Aron, E. N. (2016). Relationship between the temperament trait of sensory processing sensitivity and emotional reactivity. *Social Behavior and Personality: An International Journal*, 44, 185-199. https://doi.org/10.2224/sbp.2016.44.2.185

Jordan, M. R., Amir, D., Bloom, P.(2016). Are empathy and concern psychologically distinct? *Emotion. 16*, 1107-1116. https://doi.org/10.1037/emo0000228

嘉瀬 貴祥・飯村 周平・坂内 くらら・大石 和男（2016）．青年・成人用ライフスキル尺度（LSSAA）の作成　心理学研究, *87*, 546-555. https://doi.org/10.4992/jjpsy.87.15229

岐部 智恵子・平野 真理（2020）．日本語版児童期用敏感性尺度（HSCS-C）の作成　パーソナリティ研究, *29*, 8-10. https://doi.org/10.2132/personality.29.1.3

木村 昌紀・余語 真夫・大坊 郁夫（2007）．日本語版情動伝染尺度（the Emotional Contagion Scale）の作成　対人社会心理学研究, *7*, 31-39. https://doi.org/10.18910/6043

Kiou, J. L. (2018). *Embodiment and its effects. How creativity, perception and sensory processing sensitivity link with empathy and theory of mind mechanisms* (Doctoral dissertation). University of Bradford, UK. http://hdl.handle.net/10454/16919

熊野 宏昭・織井 優貴子・鈴鴨 よしみ・山内 祐一・宗像 正徳・吉永 馨・久保木 富房（1999）．Short Interpersonal Reactions Inventory 日本語短縮版作成の試み——タイプ C パーソナリティ測定を中心として　心身医学, *39*, 335-341. https://doi.org/10.15064/jjpm.39.5_335

串崎 真志（2013）．共感する心の科学　風間書房

串崎 真志（2019）．感覚処理感受性が共感の正確性と動作の模倣に及ぼす効果　関西大学心理学研究, *10*, 1-9. http://hdl.handle.net/10112/16822

串崎 真志（2020a）．繊細な心の科学—— HSP 入門　風間書房

串崎 真志（2020b）．繊細すぎてしんどいあなたへ—— HSP 相談室　岩波書店

串崎 真志（2021）．共鳴する心の科学　風間書房

串崎 真志（2022）．高い敏感性をもつ人（Highly Sensitive Person）は物事を深く考える（4）　関西大学人権問題研究室紀要, *83*, 1-10.　http://doi.org/10.32286/00026434

McQuarrie, A. M., Smith, S.D., & Jakobson, L. S.(2023). Alexithymia and sensory processing sensitivity account for unique variance in the prediction of emotional contagion and empathy. *Frontiers in Psychology, 14*, 1072783. https://doi.org/10.3389/fpsyg.2023.1072783

村中 昌紀・山川 樹・坂本 真士（2018）．対人過敏・自己優先尺度の作成——「新型うつ」の心理学的特徴の測定　心理学研究, *87*, 622-632. https://doi.org/10.4992/jjpsy.87.15211

長沼 睦雄（2018）．大人になっても敏感で傷つきやすいあなたへの 19 の処方箋　SB クリエイティブ

小野 恵里香・古川 真人（2010）．対人関係における感受性と認知的統制　昭和女子大学生活心理研究所紀要, *12*, 115-124. http://id.nii.ac.jp/1203/00000567/

Pluess, M., Assary, E., Lionetti, F., Lester, K.J., Krapohl, E., Aron, E. N., & Aron, A. (2018). Environmental sensitivity in children: Development of the Highly Sensitive Child Scale and identification of sensitivity groups. *Developmental Psychology*, 54, 51-70. https://psycnet.apa.org/doi/10.1037/dev0000406

Schaefer, M., Kevekordes, M. C., Sommer, H., & Gärtner, M. (2022). Of orchids and dandelions: Empathy but not sensory processing sensitivity ss associated with tactile discrimination abilities. *Brain Sciences*, 12, 641. https://doi.org/10.3390/brainsci12050641

Schaefer, M., Kühnel, A., & Gärtner, M. (2022). Sensory processing sensitivity and somatosensory brain activation when feeling touch. *Scientific Reports*, 12, 12024. https://doi.org/10.1038/s41598-022-15497-9

Sindermann, C., Cooper, A. J., & Montag, C. (2019). Empathy, autistic tendencies and systemizing tendencies: Relationships between standard self-report measures. *Frontiers in Psychiatry, 10,* 307. https://doi.org/10.3389/fpsyt.2019.00307

Song, Y., & Shi, M. (2017). Associations between empathy and big five personality traits among Chinese undergraduate medical students. *PloS One, 12,* e0171665.　https://doi.org/10.1371/journal.pone.0171665

Spreng, R. N., McKinnon, M. C., Mar, R. A., & Levine, B. (2009). The Toronto Empathy Questionnaire: Scale development and initial validation of a factor-analytic solution to multiple empathy measures. *Journal of Personality Assessment, 91,* 62-71. https://doi.org/10.1080/00223890802484381

菅原 健介（1984）．自意識尺度（self-consciousness scale）日本語版作成の試み　心理学研究，*55,* 184-188. https://doi.org/10.4992/jjpsy.55.184

Tabak, B. A., Gupta, D., Sunahara, C. S., Alvi, T., Wallmark, Z., Lee, J., … & Chmielewski, M. (2022). Environmental sensitivity predicts interpersonal sensitivity above and beyond Big Five personality traits. *Journal of Research in Personality, 98,* 104210. https://doi.org/10.1016/j.jrp.2022.104210

髙橋 亜希（2016）．Highly Sensitive Person Scale 日本版（HSPS-J19）の作成　感情心理学研究，*23,* 68-77. https://doi.org/10.4092/jsre.23.2_68

武田 友紀（2018）．「繊細さん」の本　飛鳥新社

武田 友紀（2020）．「繊細さん」の幸せリスト　ダイヤモンド社

Tang, R., & Braver, T. S. (2020). Predicting individual preferences in mindfulness techniques using personality traits. *Frontiers in Psychology, 11,* 1163. https://doi.org/10.3389/fpsyg.2020.01163

Yang, W. (2019). *Exploring the link between sensitive temperament and depression: The roles of parenting environment and empathic personal distress* (Doctoral dissertation). Arizona State University, USA. https://keep.lib.asu.edu/_flysystem/fedora/c7/211868/Yang_asu_0010N_19031.pdf

Yano, K., Kase, T., & Oishi, K. (2021). Sensory processing sensitivity moderates the relationships between life skills and depressive tendencies in university students. *Japanese Psychological Research, 63,* 152-163. https://doi.org/10.1111/jpr.12289

第 9 章

HSP の基礎・臨床アセスメント
── HSP 尺度使用マニュアル・HSP と精神疾患の比較

髙橋亜希（中京大学）

1. はじめに

　HSP 研究は尺度開発から始まり、パーソナリティ特性との関連研究等がみられるようになったが、本邦では応用までには至っていない。HSP に対するカウンセリングの必要性は示唆されているが、欧米よりもかなり遅れている。本章では、前半に日本版の HSP 尺度を取り上げ、尺度の使用方法を中心としたアセスメントの方法を紹介する。後半は、エレイン・アーロン（Aron, 2010）著 *Psychotherapy and the Highly Sensitive Person* に掲載の付録から、Diagnostic and Statistical Manual of Mental Disorders Fifth Edition（DSM-5：精神障害の診断・統計マニュアル）に記載されている精神疾患と HSP の共通点や相違点を抜粋して示す。HSP という概念が本邦で一般的に知られるようになり、そのアセスメントの重要性が増してきている。HSP 尺度の採点方法、解釈、また臨床場面で工夫している点などを記載することで、HSP のアセスメントを容易にし、HSP のカウンセリングがより身近になることを期待する。

2. HSP 尺度

2.1. オリジナルの HSP 尺度

　エレイン・アーロンとアーサー・アーロン（Aron & Aron, 1997）は、感覚の個人差に関して動物種からヒトにおける個体差（個人差）に関する研究を統合した上で、「感覚処理感受性（Sensory-Processing Sensitivity：以下 SPS とする）」の概念を提唱した。その際、SPS は「生得的な特徴であり、約 15% とされる SPS の高い人は、微細な刺激に敏感であり、刺激過剰になりやすく、新奇刺激

に対し次の行動を決める前にこれまでの経験と照合し確認する傾向がある」と定義されている。そして、SPS の概念が内向性や神経症傾向などのパーソナリティ特性とは異なることを検証するために行った質的および量的な調査結果から、27 項目の Highly Sensitive Person Scale（以下 HSPS とする）を開発した。

　調査の結果から HSPS は SPS の高い人を同定する一次元性の尺度で、十分な信頼性を持ち、関連すると考えられる他の変数との相関関係との結果から妥当性が確認された。類似していると考えられた内向性と神経症傾向は、SPS と関連はあるが独立した変数であると調査結果から結論づけられた。これまで欧米を中心に HSPS を使用し、SPS の高さと抑うつや不安の高さ（Liss *et al.* 2005）、シャイネス（Aron *et al.*, 2005）、自己効力感、疎外感、否定的情動、ストレスの高さ（Evers *et al.*, 2008）などとの関連が報告されている。また、アーロン（Aron, 2010）は臨床場面で生来の感覚感受性の高さは考慮されることなく、不安障害を始めとするさまざまな精神疾患と診断されている人が多くいると述べている。

2.2. 日本版 HSP 尺度

　筆者（髙橋, 2016）は、アーロンら（Aron & Aron, 1997）によって作成された27 項目からなる HSPS を原文に忠実になるようにバックトランスレーションの手続きで邦訳した。質問紙調査で得られたデータを分析した結果、因子負荷量の低かった 8 項目を削除し、残った 19 項目を日本版 HSPS とした（表9-1）。削除された 8 項目は表9-2 に示した。この尺度は 3 つの因子からなる。第Ⅰ因子は、感覚閾値の低さに関する「低感覚閾（Low Sensory Threshold: LST）」、第Ⅱ因子は、刺激に対する反応性を示す「易興奮性（Ease of Excitation: EOE）」、第Ⅲ因子は、精神生活の豊かさに関する「美的感受性（Aesthetic Sensitivity: AES）」である。この尺度が十分な信頼性を有していること、神経症傾向と内向性との関連性から、尺度の妥当性が支持された。尺度翻訳の詳細な手続きは船橋（2013）、統計分析の方法や結果については髙橋（2016）を参照されたい。

3. HSP 尺度の使用方法

3.1. 実施

　適用年齢は文章が理解できる中学生以上なら可能である。解答は自己記入式である。まず、【回答の仕方】を読んでもらい（または検査者が読み上げる）、理解したことを確認したら、回答を始めてもらう。各項目への回答では、内容が自分自身に「あてはまるか」または「あてはまらないか」を考えてもらう。「あてはまる」場合、その程度を「非常に」「かなり」「やや」の3つのなかから選択をする。「あてはまらない」場合は「まったく」「ほとんど」「あまり」のうちから選択をする。判断に迷う場合には「どちらとも言えない」に回答をするように教示する。この質問紙を使用した調査の中には、7件法から4件法に修正し、HSPと発達障害との関連性を認めた研究もある（菊池, 2022）が、先行研究との比較や追試研究のために、理由なく回答方法の修正を行わないほうがよいだろう。

3.2. 採点

　採点は19点から133点の範囲となる。表9-3の採点用紙に得点を転記することで、3つの下位尺度ごとの得点の算出も可能である。大きな音で不快になるなど感覚閾値の低さ（LST）が7項目、ビクッとしやすいなど刺激に対する反応性（EOE）が8項目、芸術や音楽に心を動かされるや豊かな創造力を持つなどの精神的な豊かさに関する美的感受性（AES）が4項目である。

　カットオフのポイントは、オリジナル版のHSP尺度では指定されていないが、分析の際には得点の程度に応じていくつかのグループ分けを行うことがある（例えば、得点が高い順にHSP群、中群、低群など）。日本人のデータでは、混合分布モデルによる探索的な分析によって対象者をクラスターに分けた結果、5つのグループが抽出された。5つのクラスターのひとつが尺度得点の上位15％で、HSP群であることが示唆された（Takahashi & Iimura, 2016）。標準正規分布の場合、平均値を中心とすると±1標準偏差（SD）以内のデータは約68％である。そこで平均値より+1SDを基準に尺度得点の高い対象者を特定すると、先行研究で得られた平均値+1SD得点は93.9点（船橋, 2015）、

表9-1 Highly Sensitive Person Scale 日本版（HSPS-J19）

氏名　　　　　　　　　　　　　　　原著者　Elain N. Aron & Arthur Aron
性別　　　年齢　　歳　　　　　　　日本版作成　髙橋　亜希
検査日　　　年　　月　　日　　　　Highly Sensitive Person Scale 日本版（HSPS-J19）

【回答の仕方】
次の各項目は、あなたにどの程度あてはまりますか。
「非常にあてはまる（7）」から「まったくあてはまらない（1）」までのうち、最もあてはまると思う
数字に〇をつけてください。

		まったくあてはまらない	ほとんどあてはまらない	あまりあてはまらない	どちらとも言えない	ややあてはまる	かなりあてはまる	非常にあてはまる
1	強い刺激に圧倒されやすいですか？	1	2	3	4	5	6	7
2	他人の気分に左右されますか？	1	2	3	4	5	6	7
3	痛みに敏感になることがありますか？	1	2	3	4	5	6	7
4	忙しい日々が続くと、ベッドや暗くした部屋などプライバシーが得られ、刺激の少ない場所に逃げ込みたくなりますか？	1	2	3	4	5	6	7
5	明るい光や強いにおい、ごわごわした布地、近くのサイレンの音などにゾッとしやすいですか？	1	2	3	4	5	6	7
6	豊かな内面生活を送っていますか？	1	2	3	4	5	6	7
7	大きな音で不快になりますか？	1	2	3	4	5	6	7
8	美術や音楽に深く感動しますか？	1	2	3	4	5	6	7
9	自分に対して誠実ですか？	1	2	3	4	5	6	7
10	ビクッとしやすいですか？	1	2	3	4	5	6	7
11	短時間にしなければならないことが多いとオロオロしますか？	1	2	3	4	5	6	7
12	一度にたくさんのことを頼まれるとイライラしますか？	1	2	3	4	5	6	7
13	いろいろなことが自分の周りで起きていると、不快な気分が高まりますか？	1	2	3	4	5	6	7
14	生活に変化があると混乱しますか？	1	2	3	4	5	6	7
15	微細で繊細な香り・味・音・芸術作品などを好みますか？	1	2	3	4	5	6	7
16	一度にたくさんの事が起こっていると不快になりますか？	1	2	3	4	5	6	7
17	大きな音や雑然とした光景のような強い刺激がわずらわしいですか？	1	2	3	4	5	6	7
18	競争場面や見られていると、緊張や動揺のあまり、いつもの力を発揮できなくなりますか？	1	2	3	4	5	6	7
19	子どもの頃、親や教師はあなたのことを「敏感だ」とか「内気だ」と見ていましたか？	1	2	3	4	5	6	7

表 9 − 2　HSPS 日本版で削除された項目

・周囲の環境の微妙な変化に気づきますか？

・カフェインの影響を受けやすいですか？

・自分で休まなければならないほどに神経がすりへることがありますか？

・物理的な環境で不快な感じがする人がいる場合、どうすれば快適にできるかわかりますか？
　（例えば、明るさや席を変える）

・間違えたり物を忘れたりしないようにいつも気をつけていますか？

・暴力的な映画やテレビ番組は見ないようにしていますか？

・空腹になると、集中力や気分を損なうといった強い反応が起こりますか？

・動揺するような状況を避けることを優先して普段生活していますか？

表 9 − 3　HSPS-J19 採点表
高橋（2016）をもとに筆者作成。

【採点の仕方】各項目の得点を該当する枠に転記する。それぞれの列の点数を縦に合計すると、下位尺度ごとの得点が算出できる。3つの下位尺度の点数を合計して HSPS 得点（総合得点）を算出する。

【下位因子】
LST（低感覚閾）：
感覚閾値の低さ（7項目）　7-49点

EOE（易興奮性）：
刺激に対する反応性（8項目）　8-56点

AES（美的感受性）：
精神生活の豊かさ（4項目）　4-28点

No.	LST	EOE	AES
1			
2			
3			
4			
5			
6			
7			
8			
9			
10			
11			
12			
13			
14			
15			
16			
17			
18			
19			
	LST 得点	EOE 得点	AES 得点

HSPS 得点　（総合得点）

点

96.3 点（矢野・木村・大石, 2017）、97.9 点（Takahashi & Iimura, 2016）であった。HSPS-J19 を研究で使用する場合は、平均値 ± 1SD を基準に HSP 群の高低群、および中間群に分けて検討することができるだろう。臨床場面でアセスメントとして使用する場合も平均値 + 1SD を基準として参考にすることができるが、低めに点数をつける HSP がいることも考慮するとよいだろう。

3.3. 解釈

　この尺度はスクリーニングに用いることができる。HSP は疾患名ではないため、精神疾患や神経発達症の診断に用いることはできない。アーロン（Aron, 2010）の付録に掲載されているチェックリストも、これまでに出版された一般書に掲載されているものも回答は「はい」または「いいえ」の 2 件法で回答するものである。そのため、「はい」と答えた場合、度合いを知ることができない。セルフチェックリストでは「HSP かどうか」だけを問題としているため、「はい」と答えた数が 23 問中 12 以上であれば「あなたは HSP でしょう」と説明されているだけで、検査者側には十分な情報と言えない。内容が自分自身に「あてはまる」か「あてはまらない」かだけでなく、「あてはまる」場合、その程度を「非常に」から「やや」までの 3 段階で選択をしてもらうことで、その強度や被験者の主観的困難さを推し量ることを可能にするだろう。

　すでに述べたとおり、尺度の妥当性の観点から 8 項目が削除されて日本版が発表された（表 9-2）。オリジナルの 27 項目は繰り返し行われた 7 つの異なる質的および量的な調査研究から作成され、因子分析の結果から最終的に残された項目である。尺度の妥当性を高めるため、日本版を開発する際に止むを得ず削除した項目も本来は HSP の特徴を表しているものである。そこで、検査者が被検者の理解を深めるため、また被検者の自己理解を促すためにそれらの削除された 8 項目を掲載した。臨床場面ではこれらの項目を追加して質問することで有益な情報が得られるだろう。また、国際比較をする場合は、全項目を使用して行うことができる。

3.4. 施行時の注意点

　心理臨床の場面では、困りごとを抱える HSP が「誠実」であろう、「正しく」あろうとするために、質問を理解したと思えるまで回答ができないケース

もある。また、質問項目の内容が明確でない、適当にできないなどの理由で、回答者が「質問の意味がわからない」と言う場合もある。例えば、筆者の経験では、最も頻繁にそのような質問を受けるのが「あなたは自分に対して誠実ですか？」という項目である。この項目は「あなたは良心的に、結果がどうなるか、細心の注意を払って、何事もよく考える方ですか？」という意味を持っている。投影法の心理検査ではないため、回答者が質問項目を理解していない場合、必要な説明を付け加えることがある。第3因子の美的感受性に入っている項目でこれらの質問が特に出やすい。AES は得点にばらつきがあり、HSP でも低く回答するケースがしばしばある。第1因子の LST と第2因子の EOE は正に相関し、一般的にどちらも高くなる。LST や EOE の得点が高かった場合、追加で説明を求めたり、小児期からの生活史を確認したりすることでより多くの情報を得られるだろう。また、得点には性差があることが先行研究で明らかになっている。男性は女性よりも得点を低くつけるとされるが、筆者の経験上、一対一の場面で男女の差は大きくない。

　検査中の観察からも情報を得ることができる。例えば、HSP をすでに自覚している場合、質問に対する回答は速く、得点が高くなりやすい。また、迷いなく高得点に回答する人は、感覚の過敏さに日頃から苦痛を感じているかもしれない。他の心理検査と同様に、回答時の観察から得られるものは多く、回答の仕方にも注意を払うことで理解を広げることができるだろう。

4. HSP 尺度の有用性

　日本でも HSP に関する基礎的なデータは増えてきているが、臨床群を被験者としたデータは不足している。データを集めるには、統一された尺度が必要となる。HSP を測る尺度は HSPS-J19 以外に短縮版や発達年齢に合わせた尺度が作られているが、短縮版を臨床で使う利便性は高くない。質問する回答が少ないことは、一見すると回答者にとって利益に見えるが、HSP にとっては答えにくさにつながることが推測される。例えば、質問数が多いことで知られるミネソタ多面人格目録（MMPI）は、最新の MMPI-3 で項目数が大幅に減っても 335 項目ある。質問項目が多いからこそ得られるものがある。HSP 尺度は、非 HSP にとっては同じような質問が繰り返されているように見えるかもしれ

ないが、HSP にとって質問項目は自分の特徴を示す言葉の連なりである。HSP は 27 項目を長いと感じないだろう。

　得点を高く評価している個人は、身体的・心理的な悩みを抱えやすい可能性がある。HSP 尺度をスクリーニングとして使用する場合、その程度を知ることで治療やカウンセリングなどに有益であろう。この尺度で得られる結果は、「HSP か否か」だけでなく、刺激に対する具体的な感受性を知ることができ、それをカウンセリングに適用できることである。敏感さを理解することで、自己理解を深めることはもちろん、アセスメントや治療計画などがより正確になり、より良い治療同盟が築けるなど様々な形で臨床的に有益に働くだろう。

5. HSP と精神疾患・神経発達症

　臨床場面で生来の感覚の過敏さが考慮されず、不安症をはじめとするさまざまな疾患を診断されている人が多くいると言われている（Aron, 2010）。当たり前であるが精神疾患を発症する HSP もいるし、健康な HSP の言葉から何か障害があるのではないかと疑うこともある。彼らの訴えは診断基準に書かれている症状と似ていることがある。以下に、アーロン（Aron, 2010）の *Psychotherapy and the Highly Sensitive Person* に付録として収録されている Distinguishing Sensitivity From DSM Disorder から臨床で役立つと思われる箇所を抜粋して紹介する。原著は改訂以前の DSM-4 を使用していたため、本節では筆者が翻訳をする際に DSM-5 に即して原著者によって修正されたものを紹介する。2023 年の現時点で日本語の翻訳版はまだ出版されていない（筆者の翻訳による書籍が 2024 年に発行予定）。ここでは、DSM が定義する疾患の中で HSP と誤解される、または症状の現れが異なる可能性のある疾患との区別を中心に記述する。疾患の基準を満たしている場合、その症状がどのように現れるかについても示す。下記にない障害については、原本を参照されたい。

5.1 神経発達症
5.1.1 自閉スペクトラム症（Autism Spectrum Disorder: ASD）
　HSP と ASD で重なりが目立つ診断基準は、基準 B の中の「感覚刺激に対する過敏さまたは鈍感さ、または環境の感覚的側面に対する並外れた興味」であ

る。これ以外に HSP の特徴を満たすような診断基準は見られない。例えば、HSP は会話が長くなりすぎて刺激過多にならない限り、基準 A の「社会的コミュニケーションの欠陥」に当てはまらない。B の「行動、興味、または活動の限定された反復的な様式」についても、HSP は柔軟性に欠けるというよりもむしろ想像力や興味の幅は広い。

　ASD の女性と HSP の敏感さの識別は難しいことがある。「自分は ASD ではなく HSP である」と主張する患者もいるだろう。一方で、多くの ASD の女性が、正しい診断を受けることにとても苦労しており、HSP であると安易に"診断"することによって、彼女たちの苦しみがさらに深まるかもしれない。女性が ASD なのに HSP と間違われやすい一方で、男性は引きこもる傾向や社会の男性像に合わないという理由で、実際には HSP なのに ASD と見られやすい。疑わしい場合は、ASD の診断に優れた専門家にリファーすることが最善であるが、彼ら自身が人間関係についてどのように話をするかを注意深く観察し、実際の生活歴の中でどのように振舞っているかを確認することからも多くの情報を得られるだろう。

5.1.2. 注意欠如・多動症（Attention-Deficit/Hyperactivity Disorder: ADHD）

　ADHD と HSP は混同されることがある。ADHD の診断は、学校で困難を抱えている子どもや社会の中で適応できないと感じている大人につけられるからである。しかし、刺激を受けていないときの HSP は、DSM に記述される ADHD の際立った特性をすべて欠いている。2 つの診断基準のうち、1 つ目の「指示に従わない」「仕事を整理できない」「精神的な努力を持続しない」などの問題が HSP には見当たらない。二番目の基準である「多動性や衝動性」は HSP の戦略である「一度で正しくやる」と正反対である。刺激希求性の高い HSP は、一度に多くのプロジェクトに取り組むことがあるが、ADHD に特徴的な実行機能の特性が高いからではなく、多くの可能性をみているためである。DSM の基準に従うと、HSP と ADHD を混同する可能性は低い。

5.2. 抑うつ障害群

5.2.1. 大うつ病性障害と持続性抑うつ障害（気分変調症）

　多くの HSP が様々な理由で抑うつを経験する。HSP は一時的に気分が沈んだり、ストレスのために無意味な心配に襲われたり、自分が聞いたり見たりし

たことで憂うつな気分になることも多いが、問題にするべきは抑うつエピソードの期間と機能障害の有無である。診断の際は、抑うつ状態にある HSP の患者は実際の状態よりもよく見えるときがあることに留意する。自分がこうありたいという願望や自分のペルソナを操る能力、そして良心的であることなどが関係している。診断基準の中の、疲労や集中力の困難、興味または喜びの喪失といった「重要な領域における機能障害」よりも、無価値観、空虚感、長く続く悲しみなどの「臨床的に著しい苦痛」にエピソードが隠されているかもしれない。その人を以前から見ている家族や周囲の人たちだけが、現在のうつ病エピソードを判別できることも多いだろう。

5.2.2. 双極性障害および関連障害群

双極性障害と HSP 集団との間に共有する遺伝的な原因はないと思われる。しかし、HSP の反応の強さや高い創造性は、軽躁病や気分循環性障害と似ているように見える可能性がある。軽躁病エピソードの基準は曖昧で、明らかな障害につながらないことを考えると、HSP は当てはまりやすいと考えられるだろう。

5.3. 不安症群

多くの HSP が、不安、心配、または恐怖をよく表出する。HSP にとって、不安になることは、それがネガティブでもポジティブでも普通のことである。HSP によく見られる不安症の多くは、現実に起きたトラウマや過去の脅威が原因となって生じる。これは、同じ事態になることを予期し、より多くの状況に対して一般化するためで、脅威でない状況でも、「安全のために」そうしているとも言える。

5.3.1. 社交不安症（Social Anxiety Disorder: SAD）

診断基準である「他者の注視を浴びる可能性のある 1 つ以上の社交場面に対する著しい恐怖」は、誰もが人生の中で一度は経験するという点で DSM の中では曖昧な基準だろう。ただし、その恐怖・不安が、現実もしくは社会・文化的背景に「釣り合わない」、そして「6 ヶ月以上続く」場合に、障害であるとしている。また、この障害は、「正常な内気」とは異なり、「自分を内気だと感じている人のうち、わずか 12％しか診断基準を満たしていない、また個人の日常に著しい支障をきたし、苦痛を伴っていなければならない」と説明されて

いる。HSP の患者は極端なシャイであること以外に、HSP らしい特性を示すサインがあるはずである。診断が患者の自尊心にどのような影響を与えるか、どのような治療法を選択するかになるだろう。

5.3.2. パニック症、パニック発作

　パニック症は繰り返されるパニック発作のことであり、HSP であるかないかにかかわらず、症状を呈しているときの診断は難しくないだろう。多くのHSP がパニック発作またはそれに似た経験をしている。HSP にとって（おそらくは誰にとっても）、パニック発作の症状は非常に刺激過多な症状である。HSPの特性を自分で認識していない場合、パニック発作の症状に拍車がかかるだろう。思春期や青年期の HSP は、周囲に適応したいと思うあまり、強い刺激に対して起こる身体反応を無視することによって、発作が起こりやすくなる。多くの場合、自分の生まれ持った HSP の特性と、最初にパニック発作が起きた状況との相互作用を理解することで症状が減少するだろう。HSP がパニック症を併存している場合、診断基準を満たしていても、他の患者たちよりも症状が軽減しやすいかもしれない。反対に、症状が長く続いている場合、恐怖を伴う刺激と高い敏感性に伴う刺激が条件づけられ、般化が起きている可能性がある。

5.3.3. 全般不安症（Generalized Anxiety Disorder: GAD）

　SAD と同様に、診断基準に記される「過剰」という言葉をどう定義するかが問題となる。「過剰な不安と心配が、少なくとも 6 ヶ月間にわたる」、「その人は、その心配を抑制することが難しいと感じている」か、以下の 6 つの症状「神経の高ぶり、疲労しやすさ、集中困難または心が空白になること、易怒性、筋肉の緊張、そして睡眠障害」のうち 3 つを生じているかを前提とすると、HSP が経験する苦痛や機能障害のレベルによっては GAD と診断されることがあるかもしれない。HSP が GAD を発症するケースはあるが、過去の出来事が慢性的な不安につながっているかどうかを確認するとよいだろう。

5.4. 強迫症および関連症群（Obsessive-Compulsive Disorder: OCD）

　心理臨床の場面において、強迫症の定義である「持続的もしくは繰り返される思考またはイメージ」があることを、ほとんどの HSP が認識しており、それを侵入的だと思ったり、起きないように願ったり、無視しようとしている。

問題とすべきはここでも「過剰」という言葉をどう定義するかである。強迫観念や強迫行動が1日にどれくらいあるか、苦痛または機能の障害を引き起こしているかが問題となるだろう。HSPなら強迫観念を和らげるために強迫的な反復行動や非現実的な手段をとるよりも、自分の感情をコントロールすることで解決しようとするだろう。しかし、原著者も筆者もこの障害に対して十分な経験を持っていない。HSPであると同時にOCDの患者についても、今後の臨床研究の結果を待ちたい。

5.5. 心的外傷およびストレス因関連障害群

5.5.1. 心的外傷後ストレス障害（Post Traumatic Stress Disorder: PTSD）と急性ストレス障害

心的外傷後ストレス障害（PTSD）と急性ストレス障害はHSPと間違われやすい。例えば、症状のリストの中の「不眠、過度な警戒心、過剰な驚愕反応」などはHSPの特徴のように見えるかもしれない。HSPの患者は、心臓の高まりや繰り返される生々しい悪夢などについて話すかもしれない。決め手となるのは、症状が心的外傷的な出来事に関係していて、その出来事の後にのみ生じているかである。HSPがPTSDを発症するケースは多くあると考えられる。非HSPならトラウマにならない出来事や状況であっても、感情反応の強いHSPの患者であればPTSDが生じる可能性がある。

5.5.2. 適応障害

HSPは非HSPよりもストレス因に対する反応が強く、刺激に対してストレスを感じやすく、感情反応が強く、出来事がもたらす長期的な影響を心配することから、適応障害を持ちやすいと予想される。ただし、症状の現れ方は非HSPと異なるかもしれない。適応障害を持つ非HSPが「この感情はいままで経験したことがないほど強い」と表現するときにも、強い感情に慣れているHSPは「それほど気にしていませんでした」と答えるかもしれない。HSPの患者にとって、些細に見えるようなことがストレス因となるかもしれない。

5.6. 身体症状症および関連症群

この疾患もHSPが持っていると誤診されやすい。HSPは生まれつき身体の変化に気がつきやすいため、その影響を受ける。痛みの閾値が低かったり、精

神に作用する物質に対する反応も強いかもしれない。薬の副作用が出現しやすい人は、低容量から始める必要があるだろう。また、あらゆる可能性について深く考える特性があるため、単純に自身の健康を心配して受診することも考えられる。専門家は、「過剰に心配している人」だと考えるかもしれない。患者が激しい感情を処理する方法を持ち合わせていない場合、HSP の患者は慢性的な疾患や症状を経験することがあるだろう。そして、その症状は精神的なものに見えるかもしれない。

5.7. パーソナリティ障害群

　DSM-5 では、パーソナリティ障害の一般的な定義を「その人の属する文化から期待されるものから著しく偏り、広範でかつ柔軟性がなく、……内的体験および行動の持続的様式である」、そして「その始まりは少なくとも青年期または成人期早期にまでさかのぼることができる」としている。HSP は人口の80％以上の人たちの様式に合わないという意味で偏っており、HSP は生まれつきの気質という点で、青年期かそれ以前までさかのぼることができる。この気質を持っていない多数派の人が評価をすれば、苦痛や機能障害も簡単に「あり」となり得るし、実際に、HSP でパーソナリティ障害を発症しているケースも多くある。以下に、HSP と間違えやすい 5 つのパーソナリティ障害について説明する。

5.7.1. A 群　シゾイドパーソナリティ障害（Schizoid Personality Disorder: ScPD）

　HSP と ScPD の間に類似性はほとんどないが、同一視されることがある。診断基準が「他の人々と一緒にいることよりも一人で過ごす方を好む」から、DSM-5 で「ほとんどいつも孤立した行動を選択する」に変更になったため、おそらく減ってくるだろう。HSP は感覚入力された刺激を処理するために休息時間を必要とする。特に、高レベルの刺激を処理する仕事や長時間労働を求められる仕事に就いている人はそうであろう。回避型の愛着スタイルを持っている場合、ScPD の併存はあり得る。工学、数学、プログラミングなどの分野の仕事を、社会的な刺激が少ないなどの理由で選択している HSP がいるかもしれない。

5.7.2. B 群　境界性パーソナリティ障害（Borderline Personality Disorder: BPD）

　BPD に伴う衝動性や怒りは HSP の行動と大きく異なるにもかかわらず、感

情反応の強さのために BPD と誤って診断される可能性がある。それは、診断基準に「顕著な気分反応性による感情不安定性」があるためである。HSP にとって普通のことでも、非 HSP の臨床医は普通ではないとみるかもしれない。HSP の中には BPD の診断基準（見捨てられ不安、他者の理想化、不安定な自己像・自己意識、空虚感、何らかの妄想・乖離症状など）に当てはまる人がいるかもしれない。しかし、敏感さを「情緒的な感受性」として言葉の上だけで考えなければ、典型的な HSP を BPD で苦しんでいる人たちと間違えることはないだろう。

　愛着の障害を持っている HSP の患者のなかには BPD の基準を満たす人たちがいる。例えば、「現実に、または想像の中で見捨てられることを避けようとするなりふり構わない努力」の診断基準があるが、その努力は他者を自分に留まらせようとする努力というよりも、自身の不安を抑えたり、離れている時に失うものを抑え込もうとしたりすることに向けられる。HSP の患者が BPD のように他者を理想化したり、こき下ろしたりすることがあっても、その両方を同じ人物に対して、異なる場面で行うことはほとんどない。また、HSP の自尊感情は、出来事によって大きく変動することがあっても、通常は「著名で持続的に不安定な自己像」を示すことはない。「感情の不安定さ」は見る人によって変わる。

　幼少期に深刻なトラウマや虐待があったかどうかは正確な診断の一番の手がかりになるだろう。おそらくパーソナリティの障害を回避できる HSP は多くないだろう。適応が単なる見せかけのパーソナリティにすぎないとしても、適応の仕方がどんなものでも、彼らが治療の場以外でうまく機能する自己を用いることができるように手助けすることが必要になる。

5.7.3. C 群　回避性パーソナリティ障害（Avoidant Personality Disorder: APD）

　APD と物静かで内向的な HSP、警戒しているシャイな HSP を区別する必要がある。APD は「社会的抑制、不全感、および否定的評価に対する過敏性」という特徴をもっているが、診断基準のリストは HSP が苦痛を感じそうな状況を示すものにも見える。内向的な HSP が慣れない状況や身を脅かす状況に置かれれば、APD の診断基準を満たすだろう。HSP と APD の大きな違いは、否定的な評価に対する不安に「いつも」悩まされているかどうかである。知らない人に会うことや大きな集団に入ることをためらう HSP も、自分を知っている相手に会うことには悩まされない。しかし、フィードバックに対し

て敏感なために批判を多く受けそうな仕事や状況を避けることはあるだろう。この障害の診断は、非現実的な恐れをどれだけ持っているか、それほど刺激的でない価値のある社会的接触をどれだけ避けているかであろう。

5.7.4. 依存性パーソナリティ障害（Dependent Personality Disorder: DPD）

HSP は誰かと親密な関係になると、非 HSP のパートナーが難しいことを代わりにしてくれるようになる。そのため、二人の関係における HSP の貢献度を見逃すと、非 HSP の方ばかりがいつも貢献しているように見える。非 HSP の収入が多い、非 HSP の収入を共有している、などの場合も HSP が不平等で依存的に見える理由の１つになる。しかし、仕事や人間関係などで自己決定ができ、相互依存の関係にあるなら DPD ではないだろう。HSP で DPD の場合、他者を必要とする感覚が敏感さと関係しているという点が非 HSP の DPD と異なる。

5.7.5. 強迫性パーソナリティ障害（Obsessive-Compulsive Personality Disorder: OCPD）

HSP は「正しく物事を行う」ことにかなりの注意を払う。非 HSP から見ると、DSM の診断基準に当てはまるようにみえるかもしれない。道徳や倫理、価値観を大切にする HSP は多いが、「過度に誠実で良心的かつ融通がきかない」かどうかは、見る人によって異なるだろう。診断の際には、そのパターンが「広範」で「とらわれ」があるか、「柔軟性、解放性、効率性」に欠けているかがポイントになる。診断基準を見ると、HSP は本来の目的を失うまでに何かを準備したり、活動することはないし、人間関係より生産性を重視するようなバランスの悪い生活をしたり、物を捨てずに散らかしたままにしておくようなこともない。HSP の患者たちは、他人に自分の行動を押し付けない可能性があるため、HSP で OCPD の患者を見分けることは、非 HSP で OCPD の患者よりもわかりづらいだろう。また、過剰な刺激を減らすために自分の極端な行動にもっともな理由づけをするかもしれない。

6. おわりに

この章では、前半に HSP 尺度の使用方法を中心に説明した。大学生や大学院生が研究で使用するために必要な情報や、論文（髙橋, 2016）に記載されてい

ない情報を記載した。続いて、HSP 尺度の臨床的応用の可能性についてまとめた。HSP の定義を満たすには、刺激に対する閾値の低さ（感覚の過敏さ）と神経の高ぶりやすさを必ず持っていなければならない。自己の周囲に起こる微細な刺激に気づくことは、同時に刺激の多い複雑な状況に圧倒されやすいことでもある。これらの特徴を持っている HSP はネガティブな感情だけでなくポジティブな感情にも反応が強い。そして行動をする前によく考える。何に対してもよく考えるため、深い思考に伴う悩みも多い。これまで神経質、抑うつ、ストレス耐性が低い、不安が高いなど精神的に不健康であるとされてきた人の中には、感受性が高いためにそのような状態を招来していたにもかかわらず、それが見逃されてきた可能性がある。

　心理臨床または精神科及び心療内科など心理的・精神的な不調を扱う現場では、HSP の存在ははるか昔から知られている。彼らは特徴そのままに「敏感な人」であり、「（自我）境界の薄い人」であり、「情動性が高い」や「不安の高い人」であった。不安の高さや神経質、自我境界が薄い、自己愛が強い、ASD などのアセスメントをする際に、HSP である可能性を含めることで目の前の患者やクライエントの見え方が変わるかもしれない。または、HSP であることを除外することで介入が変わるかもしれない。不安や抑うつ感を持ちやすいことは知られており、HSP であることをスクリーニングしておくとそれらのなりやすさを予期しておけるかもしれない。これまでに培われた知見などを応用すれば、本人の苦痛を和らげることができ、自分の感受性の敏感さに気づくことで自己理解が進み、その後の自己防衛を可能にするだろう。

引用文献

Aron, E. (2010). *Psychotherapy and the Highly Sensitive Person: Improving outcomes for that minority of people who are the majority of clients*, New York: Routledge.

Aron, E. N., & Aron, A. (1997). Sensory-processing sensitivity and its relation to introversion and emotionality. *Journal of Personality and Social Psychology*, 73, 345-368.

Aron, E. N., Aron, A., & Davies, K. M. (2005). Adult shyness: The interaction of temperamental sensitivity and an adverse childhood environment. *Personality and Social Psychology*, 31, 181-197.

Evers, A., Rasche, J., & Schabracq, M. J. (2008). High sensory-processing sensitivity at work. *International Journal of Stress management*, 15, 189-198.

船橋　亜希（2013）．心理尺度作成の研究　八尋　華那雄（監修）・高瀬　由嗣・明翫　光宜（編）

　　臨床心理学の実践——アセスメント・支援・研究（pp. 283-301）金子書房

船橋 亜希（2015）．感覚感受性の高さと精神的健康の関連　日本パーソナリティ心理学会第
　　24回大会, *126*.

菊池 哲平（2022）．HSPと発達障害は区別可能か？　熊本大学教育学部紀要, *71*, 77-82.

Liss, M., Timmel, L., Baxley, K., & Killingsworth, P. (2005). Sensory processing sensitivity and
　　its relation to parental bonding, anxiety, and depression. *Personality and Individual
　　Differences*, 39, 1429-1439.

髙橋 亜希（2016）．Highly Sensitive Person Scale日本版（HSPS-J19）の作成　感情心理学研
　　究, *23*, 68-77.

Takahashi, A., & Iimura S. (2016). The difference between sensory-processing sensitivity and
　　sensory processing disorder: The comparison of highly sensitive person scale and
　　adolescent/adult sensory profile. *The 31st annual meeting of International Congress of
　　Psychology, Yokohama, Japan.*

矢野 康介・木村 駿介・大石 和男（2017）．大学生における身体運動習慣と感覚処理感受性の
　　関連　体育学研究, *62*, 587-598.

おわりに

　感覚処理感受性と差次感受性理論、文脈に対する生物感受性理論を潮流とする環境感受性の研究は、30年以上にわたり取り組まれてきた。日本での研究も10年以上の歳月が過ぎた。30年以上にわたる領域横断的な検討が試みられる中で、ヒトの環境感受性が解明し尽くされたかといえば、決してそうではない。未解決の課題は依然として多い。だが、この研究領域は確実に発展を続けている。今後10年も経てばまた違った景色がみえるかもしれない、そんな期待感がある。

　本書は、このように発展途上にある環境感受性の研究動向について、発達心理学、パーソナリティ心理学、臨床心理学の各分野から、初めて包括的に描き出したものである。本書全体を通読された読者であれば、分野によって環境感受性というメタ概念に期待される学術的・臨床的役割が異なることが理解できたことだろう。日本における初めての環境感受性の学術書として、研究活動や臨床活動、メディア報道のリソースとして役に立つことをささやかながら期待している。ただし、本書にはエビデンスレベルの低い知見も部分的に紹介されているので、批評的な活用を推奨したい。

　「HSPブーム」とも言える社会状況の中、学術的な知見を複数の専門家によって1冊にまとめ、出版したことには、単に学術的な意義だけでなく、社会的な意義もあったと信じている。そのような意義を認めつつも、本書の企画をいただいたときは、正直なところお受けするかどうか悩んだ。専門家からすれば、社会で広まったHSPはすでに「怪しい」言葉であり、そのような印象が専門家内外で学術的な印象よりも先行していたからである。「HSP」という言葉を扱う書籍を出版することで、（ブーム前から研究しているのだが）ブームに乗った「怪しい」研究者としての「レッテル」を貼られないか危惧した。各章を担当された先生方に執筆をご依頼する際も、このようなリスクが頭によぎった。それでも執筆を引き受けていただいた先生方には、編者として深く敬意を表している。

また、本書は大澤茉実さん（花伝社編集部）の企画があってのものである。「HSP ブーム」を憂慮する立場から、本書の企画を頂戴した。結果として、硬めの学術書となったが、それを承諾していただいたことに深く感謝を申し上げる。

筆者を代表して
飯村周平

［著者］ ※五十音順

上野雄己（うえの・ゆうき）
東京大学大学院教育学研究科附属学校教育高度化・効果検証センター特任助教。1990年生まれ。桜美林大学大学院国際学研究科博士後期課程修了。博士（学術）。専門はスポーツ心理学、パーソナリティ心理学、健康心理学。著書に、『レジリエンスの心理学――社会をよりよく生きるために』（金子書房、2021年、編著）、『これからの体育・スポーツ心理学』（講談社、2023年、共著）など。

小塩真司（おしお・あつし）
早稲田大学文学学術院教授。1972年生まれ。名古屋大学大学院教育学研究科博士課程後期課程修了。博士（教育心理学）。専門はパーソナリティ心理学、発達心理学。著書に、『性格とは何か――より良く生きるための心理学』（中央公論新社、2020年）、『非認知能力――概念・測定と教育の可能性』（北大路書房、2021年、共著）など。

岐部智恵子（きべ・ちえこ）
お茶の水女子大学教学IR・教育開発・学修支援センター講師。お茶の水女子大学大学院人間文化創成科学研究科博士後期課程修了。博士（人文科学）。専門は発達精神病理学・ポジティブ心理学。著書に『*Positive Psychology and Positive Education in Asia: Understanding and Fostering Well-being in Schools*』（Springer、2023年、共著）、『レジリエンスの心理学――社会をよりよく生きるために』（金子書房、2021年、共著）など。

串崎真志（くしざき・まさし）
関西大学文学部教授・心理学研究科長。1970年生まれ。大阪大学大学院人間科学研究科博士課程修了。博士（人間科学）。専門は臨床心理学。著書に、『共鳴する心の科学』（風間書房、2021年）、『繊細な心の科学―― HSP入門』（風間書房、2020年）、『繊細すぎてしんどいあなたへ―― HSP相談室』（岩波書店、2020年）など。

髙橋亜希（たかはし・あき）
中京大学心理学部非常勤講師。1971年生まれ。中京大学大学院心理学研究科博士後期課程満期取得退学。専門は臨床心理学、思春期・青年期の発達臨床。臨床心理士・公認心理師。桐林カウンセリングオフィス代表。著書に、『臨床心理学の実践――アセスメント・支援・研究』（金子書房、2013年、分担執筆）。

平野真理（ひらの・まり）
お茶の水女子大学基幹研究院／生活科学部心理学科准教授。東京大学大学院教育学研究科博士課程修了。博士（教育学）。専門は臨床心理学、レジリエンス。著書に、『レジリエンスは身につけられるか――個人差に応じた心のサポートのために』（東京大学出版会、2015年）、『自分らしいレジリエンスに気づくワーク――潜在的な回復力を引き出す心理学のアプローチ』（金子書房、2023年）など。

矢野康介（やの・こうすけ）
国立青少年教育振興機構青少年教育研究センター研究員。1994年生まれ。立教大学大学院コミュニティ福祉学研究科博士課程後期課程修了（日本学術振興会特別研究員DC）。博士（スポーツウエルネス学）。専門は健康心理学、パーソナリティ心理学、スポーツ心理学。論文には、Yano. K. & Oishi. K. (2018) The relationships among daily exercise, sensory-processing sensitivity, and depressive tendency in Japanese university students. *Personality and Individual Differences*, 127, 49-53. など。

[編著者]

飯村周平（いいむら・しゅうへい）

1991年生まれ。茨城県出身。2019年、中央大学大学院博士後期課程修了。博士（心理学）。日本学術振興会特別研究員PD（東京大学）を経て、2022年より創価大学教育学部専任講師。専門は発達心理学。研究テーマは、思春期・青年期の環境感受性。心理学者によるHSP情報サイト「Japan Sensitivity Research」企画・運営者。主な論文に、Iimura, S. & Kibe, C. (2020). Highly sensitive adolescent benefits in positive school transitions: Evidence for vantage sensitivity in Japanese high-schoolers. *Developmental Psychology*, 56(8), 1565-1581. など。主著に、『HSPの心理学──科学的根拠から理解する「繊細さ」と「生きづらさ」』（金子書房、2022年、単著）、『繊細すぎるHSPのための 子育てお悩み相談室』（マイナビ出版、2022年、監修）。『HSPブームの功罪を問う』（岩波書店、2023年、単著）など。

HSP研究への招待──発達、性格、臨床心理学の領域から

2024年2月25日　　初版第1刷発行

編著者──飯村周平
発行者──平田　勝
発行 ───花伝社
発売 ───共栄書房
〒101-0065　東京都千代田区西神田2-5-11出版輸送ビル2F
電話　　　03-3263-3813
FAX　　　03-3239-8272
E-mail　　info@kadensha.net
URL　　　https://www.kadensha.net
振替　　　00140-6-59661
装幀 ───北田雄一郎
印刷・製本─中央精版印刷株式会社

ISBN978-4-7634-2103-6 C3011